E时代中职学生拓展丛书 ○ 丛书主编 王福贵

养成教育

教程

主 编 张 兰
副主编 陈胜武

海峡出版发行集团 THE STRAITS PUBLISHING & DISTRIBUTING GROUP | 福建人民出版社 FUJIAN PEOPLE'S PUBLISHING HOUSE

图书在版编目（CIP）数据

养成教育教程/张兰主编. —福州：福建人民出版社，2013.8（2017.7重印）
（E时代中职学生拓展丛书）
ISBN 978-7-211-06762-6

Ⅰ. ①养… Ⅱ. ①张… Ⅲ. ①养成教育—中等专业学校—教材
Ⅳ. ①G711

中国版本图书馆CIP数据核字（2013）第158736号

养成教育教程
YANGCHENG JIAOYU JIAOCHENG

主　　编：张　兰
责任编辑：林　顶
出版发行：海峡出版发行集团
福建人民出版社　　**电　　话：**0591-87533169（发行部）
网　　址：http://www.fjpph.com　　**电子邮箱：**fjpph7211@126.com
微　　博：http://weibo.com/fjpph
地　　址：福州市东水路76号　　**邮政编码：**350001
经　　销：福建新华发行（集团）有限责任公司
印　　刷：福建省金盾彩印有限公司
地　　址：福州市晋安区福光路23号　　**邮政编码：**350013
开　　本：787毫米×1092毫米　1/16
印　　张：8.5
字　　数：132千字
版　　次：2013年8月第1版　　2017年7月第3次印刷
书　　号：ISBN 978-7-211-06762-6
定　　价：25.00元

序

作为职业教育工作者，我们不仅要传授给学生生存就业的技能，更要传授给学生做人做事的道理，而现今的中职学生存在文化基础较为薄弱、良好的行为习惯尚未养成、责任意识不强等现象。如何提高学生整体的思想道德素质和人文素养，把学生培养成为德智体美劳全面发展的合格公民和劳动者，这是摆在我们面前的一个重要而紧迫的课题。

中共十七届六中全会通过的《中共中央关于深化文化体制改革推动社会主义文化大发展大繁荣若干重大问题的决定》指出："传统文化凝聚着中华民族自强不息的精神追求和历久弥新的精神财富，是发展社会主义先进文化的深厚基础，是建设中华民族共有精神家园的重要支撑。"并指出要"发挥国民教育在文化传承创新中的基础性作用，增加优秀传统文化课程内容，加强优秀传统文化教学研究基地建设"，"使优秀传统文化成为新时代鼓舞人民前进的精神力量"。

我们有义务、有责任大力弘扬中华民族优秀传统文化，充分挖掘其内在精神力量。对于我们中职学校来说，就是要加强对学生的优秀传统文化教育，培养学生健康向上的道德意识、责任意识和使命意识，全面提高学生的思想道德水平和实践能力。

近年来，福建省邮电学校在加强学生的传统文化教育和行为习惯养成教育上做了许多尝试和改革。早在2007年，学校就已经对学生的知识结构和文化基础课程进行改革调整与重构，由本校语文教师自编《中国传统文化》校本教材，并列为必修课程。这在福建省中职学校还算首创。福建省邮电学校开设这门课程所做的尝试，完全是为了服务于学生就业与成长的需要，也是为了构建具有职教特色的课程体系。同时，为了提升学生的汉字书写能力，增强学生对书法艺术的了解，近年来，学校专门开设了硬笔书法选修课，并且把汉字书写纳入语文课程的教学常规中，要求学生每天写好一张硬笔作业，养成良好的书写习惯。学校每学期都组织开展书法比赛，并指导和推荐优秀选手参加全省、全国学生规范汉字书写大赛，连续几年获得优异成绩。此外，学校还开设了每周两课时的养成教育课程，将思想道德教育、行为习惯养成教育、法制安全教育等内容融为一炉，收到了较好的效果。

《E时代中职学生拓展丛书》是福建省邮电学校开发的一套校本教材，是学校多位教师在几年来的教学实践改革的基础上进行总结提炼的结晶，包括《硬笔书法教程》《传统文化读本》《养成教育教程》等。

其中《硬笔书法教程》是由福建省邮电学校规划，刘慎平老师新著的书法教材。刘慎平老师是我省著名的书法教育家，中国书画学会副主席。他从事书法教学三十余年，培养了数百名在全国、省级书法大赛上获奖的学生，编写出版了《硬笔书写笔画与结构》等四本书。近几年，刘老师致力于职业学校学生的书法教学工作，被聘请到福建省邮电学校担任书法指导教师，为学校培养了很多优秀的书法新秀。该书重点讲述了楷书和行书的笔画、偏旁、结构的书写规则，还介绍了楷书、行书作品创作的章法，还展示了许多例字和优秀的书法作品，融入了刘老师丰厚的书法造诣和多年的研究成果，是一本适合各种年龄段的书法爱好者学习的好教材。

《传统文化读本》是福建省邮电学校语文组教师们在5年的校内教学实践的基础上进行重编的人文类通识校本教材，全书涵盖哲学思想、道德礼仪、节日习俗、饮食、服饰、科技、建筑、传统艺术、文学戏剧等传统文化内容，既有从衣、食、住、行等生活物质层面的介绍，也有从思想、文学、艺术等人文精神方面的评述。编者着重从文化的具体表现形式阐释文化的内涵，力图把博大精深的中国传统文化的脉络展示给广大读者，为弘扬中国传统文化做一点微薄的贡献。

《养成教育教程》是福建省邮电学校在2009年以来的养成教育课程教学实践的基础上汇编集结而成的。主要编者包括班主任、德育课教师、学生管理工作人员等。内容包括思想道德教育、行为习惯养成教育、法制安全教育等，说理服人、事例感人，很是贴近学生的学习、生活实际，是德育课程的重要组成部分。

在这套《E时代中职学生拓展丛书》的编写过程中，我们深感责任重大，全体编写人员为此做了大量细致的工作。然而，由于时间紧迫、编者水平有限等原因，该套丛书难免存在种种不足，热忱欢迎广大专家、读者批评指正！

王福贵

2012年10月

目录

第一章　培养良好习惯　达成优秀素质

第一节　健康人格　重在养成

健康人格的培养，对中职学生而言，就是素质的培养。通过教育实践，着重培养中职学生的独立性、自主性、适应性、合作性等健康人格。它是培养跨世纪人才的需要。现代很多国家的教育者都在关注和思考这样一个问题：在经济全球化的时代，人的品格处于什么地位？许多教育专家认为：人类问题的核心在于人的心。健康人格对人的成长至关重要。学生有了健康人格，必然就具有高尚的品德、正确的价值观和健康有益的生活方式，因而也必然成为为人民、为祖国、为世界努力奋斗的成功者。

小丽，女，某中职一年级学生，脾气暴躁，一遇到不顺心的事，就不管不顾地出一通气。这样往往伤了和气，弄得跟周围的同学关系搞得很僵。其实事后想想也为自己的行为感到后悔，但就是控制不住自己的情绪。

思考：小丽怎么才能克服这个性格缺点呢？

一、中职生健康人格标准

（一）什么是健康人格

谈及人格，从心理学的角度，可解释为人的性格、气质、能力等特征的总和；从伦理学来说，又可解释为个人的道德品质。人格是人生价值观念形成的稳定的心理基础，是形成特定世界观和人生观的内在心理依据，是形成特定道德素质的主要动力，所以人格教育是思想政治教育的基础和核心，是思想政治教育的重要内容。健康人格是指人格主体的心理品质和行为倾向符合社会成员所公认的权威性标准。

（二）中职生健康人格的标准

1. 正确的自我意识

自我意识是个体对自己与他人、与周围世界关系的认识。自我意识是一个完整的心理结构，表现在正确地认识自己，客观地评价自己，努力发展身心潜能。美国心理学家索里在其所著的《健康心理学》中说："一个人的自我概念在决定他的行为时比他的真正自我更为重要。"因此，正确的自我意识通常表现为：自我剖析，自我定位，自我评价，自我调控和自我进取；知道自己的优点和缺点，对优点能积极地发扬，对不足能自觉地去改进。具有健康人格的青少年学生对自己有恰如其分的评价，充满自信，扬长避短，在日常生活中能有效地调节自己的行为，与环境保持平衡。

有一位指挥家，刚出名时认为自己非常了不起。有一次他去乐队排练，发现自己忘记带指挥棒了。他刚要派人去拿，秘书告诉他："不要紧，向乐队其他人借一支就行了。"指挥家以为秘书老糊涂了，但他还是问了一句："谁有指挥棒?"出乎意料的是，大提琴手、小提琴手、钢琴手同时将指挥棒递到自己面前，他这才发现自己并不是什么必不可少的人物。于是，他在以后的事业生涯中经常用此事提醒自己，终于成为一代大师。

思考：这位指挥家的问题出在哪里？他是如何认识到自己的错误的呢？

2. 良好的性格特征

良好的性格特征主要指：勤奋、勇敢、坚强、自信、谦虚、谨慎、积极、进取、细致、乐观、文明有礼等。如果一个人具有良好的性格特征，往往能自觉主动地去克服各种困难挫折，实现预定的目的，从而给生活和工作带来愉快和成功。正如爱因斯坦所说："智力上的成绩，依赖于性格上的伟大，这一点常常超出人们的认识。"

3. 情绪稳定乐观

情绪对人的活动、对人的健康有重要影响。人类对于情绪的理解和控制的程度决定着文明是否进步。中职生要保持心理健康，就必须情绪稳定乐观。任何人都会碰到顺心和不顺心的事，都有积极情绪和消极情绪，积极的情绪体验能使人振奋精神，增强人的信心，提高人的活动效率；消极的情绪体验会降低人的活动效率，长期积累甚至能使人致病。关键是要保持积极多于消极，乐观多于悲观，使喜怒哀乐等情绪处于相对平衡的状态。

李强，在机关工作，有一天因为工作出现差错，领导批评了他。他很烦心。回家以后看到妻子还没有做饭，越发觉得生气，就把妻子狠狠骂了一顿。妻子受了委屈觉得心里很不是滋味，看到儿子在身边玩，无忧无虑，一下找到了发泄的对象，于是把儿子狠狠训了一顿。孩子莫名其妙受了委屈，伤心得哭了。正好看到自家养的猫看着他叫，飞起一脚，踢死了猫。

思考：消极的情绪与积极的情绪对一个人会产生怎样不同的影响？

4．良好的社交能力

各种纷繁复杂的人际关系是中职生毕业后所必须面对的现实问题，人际关系最能体现一个人人格健康的程度。人格健康的人乐于与他人交往，能与别人建立良好的关系，与人相处时，尊敬、信任等积极态度多于嫉妒、怀疑等消极态度，人格健康的人常常以诚恳、公平、谦虚、宽容的态度尊重他人，同时也受到他人的尊重和接纳。和谐的人际关系既是人格健康水平的反映，同时又影响和制约着健康人格的形成和发展。因此，人际关系能力是一个优秀中职生应具有的基本能力，而交往能力则是促成人际和谐的必备条件，要创设自己的和谐人际关系，就必须掌握交往的技巧，具备较强的交往能力。

李某，重点中学高二的学生，成绩在班上名列前茅。但是他仍然觉得很苦恼，因为他在班上人际关系非常差。他觉得班上成绩不好的同学总很嫉妒他。他说："当我做作业或看书的时候，有同学叫我拿作业给他抄或叫我传递东西，打乱了我的思路，我感到很讨厌。"他对班上同学的态度比较差，久而久之，班上同学也不愿意跟他说话了。

思考：李同学的问题出在哪里？他应该如何改正？

5．良好的道德品质

良好的道德品质，应包括社会公德、人品修养、职业道德、组织纪律性、服从与服务意识等。要培养良好的道德品质，首先要学会如何正确地对待自我。恰当的自我态势，即保持谦虚，摒弃自傲和自卑是正确对待自我的基础。很多企业都认为，中职生的人品比技能更加重要。在就业竞争中，中职生在技能上没有很大的优势可言，但中职生的谦虚及良好的个人修养能成为其不可缺的重要资本。

6. 适应社会，正确择业

社会适应能力反映了人与社会的协调程度。人的社会适应能力是在社会化过程中不断发展的。人格健康的人能和社会保持良好的接触，以一种开放的态度，主动关心社会，了解社会，观察所接触到的各种事物和现象，看到社会发展的积极面和主流，在认识社会的同时，使自己的思想、行为跟上时代的发展，与社会的要求相符合。适应社会、正确择业不但是健康人格的一个基准点，更是中职生必须面对的现实问题。适应社会，包括岗位适应、生活适应、制度适应、环境适应、心理平衡等。社会是多姿多彩的，也是纷繁复杂的，社会与学校有着较大的区别，教育与社会现实也有很大的差距，中职生必须树立正确的择业观，学会适应，保持心理平衡，从自身实际出发来选择工作，踏踏实实干好事情。

二、人格教育的基本意义

弗洛姆曾说："人生的主要使命是自我成长，成为与潜能相符的人，人生奋斗目标最重要的成果，就是自己的人格。"健康人格是个体身心顺利发展的重要保证，科技越发达进步，社会对人的个体人格要求也就越高。同济大学校长吴启迪曾强调："人格是教育的根本。人格教育既要倡导我国优秀文化传统中的人格行为，如同情、友谊、责任、毅力等，又应该加强诚信、独立、创新、敬业、自律等现代人格行为的培养，这是现代人安身立命、待人处世、适应社会挑战的重要方面。"中职生正处在人格发展的塑造和形成期，因此，开展人格教育具有非同寻常的意义。

1. 人格教育是思想品德教育的基础

健康人格是人的人生观、价值观、世界观形成的稳定的心理基础，也是人们的道德品质形成的主要动力，而思想品德教育则是直接关系到我们为社会培养什么人的问题。要真正重视社会的思想道德建设，就必须重视人格培养。

作为人格教育主渠道的学校，有责任开展多方面的教育活动来培养学生的健康人格，绝不仅限于笼统地提出思想教育，而应该在提高学生人格素质的基础上，去谈思想进步、政治信仰、爱国主义等等。人格素质的基本构成有这样的特征：适应社会，有强烈的责任感，忠诚履行社会责任，自觉遵守社会规范，维护社会风尚。培养学生的健康人格，通俗地说就是让学生学会做人，学会做一个社会的人。最有说服力的教育方式，就是在我们的生活中去发现发掘每一个学生人格上的闪光点，去鼓励实践者继续实践，去鞭策未实践者紧紧跟上，大力表扬，广为倡导，激励大家竞相学习，在校园里创建一种追求真善美的环境氛围。

北京有一家外资企业招工，报酬丰厚，要求严格。一些高学历的年轻人过五关斩六将，表现不俗。如果他们能再闯一关，就要如愿以偿了。这最后一关是什么呢？总经理要亲自面试。一见面，总经理就对大家说："很抱歉，年轻人，我今天有点急事，要出去10分钟，你们能不能等我啊？"年轻人说："没问题，总经理，您去吧，我们等您。"总经理走后，这些踌躇满志的年轻人饶有兴趣地围观总经理的大写字台，见写字台上有文件一摞、信一摞、资料一摞。结果，大家是你看这一摞，我看这一摞，没有一个闲着的。10分钟后，总经理回来了。总经理说："面试已经结束。"年轻人很奇怪，说："没有啊，我们在等您，还没开始面试呢？"总经理平静地说："我不在时，你们的表现就是面试。很遗憾，你们没有一个人被录取。"

思考：这些年轻人没有被录取的根本原因是什么？

2. 健康人格是成才的关键因素

21世纪，社会需要的人才是具有创新精神和创造素质的人，而具有创新精神和创造素质的人，则应该具有健康人格。没有献身科学、献身人类事业的内在动力和坚强意志，没有敢闯、敢冒风险、敢于怀疑的精神，没有良好精神状态和心理素质的人，很难想象会有创造力。而这些品质的形成，离不开健康人格的培养。因此，培养中职生的健康人格是促其成才的关键。

3. 培养健康人格是现代社会发展的要求

现代社会已进入信息时代，信息社会要求人必须具备多种能力，而且对每一样能力都有较深层次的要求，它使人的个性得到充分的表现和发展。同时，现代社会挑战与机遇并存，面对社会的迅速变革，每个人都会感觉到来自各方面的巨大压力。迎接挑战，战胜压力，要不断调整个人的心理，使之与环境相适应。因此，人只有具备健康个性才能更好地适应现代社会的需要。

三、健康人格的养成

1. 利用养成教育课对学生进行人格教育和培养

结合养成教育课程进行“磨难教育”、“挫折教育”。曾经有人说过：“磨难是一所最好的学校。”在这所学校里磨炼出来的孩子，能够深刻懂得人生、体验人生、感悟人生。因此，在养成教育课程中，将教育学生学会做事与学会做人有机地结合起来，培养学生成为基础扎实、知识面较宽、能力强、综合素质高的人才。

2. 培养青少年学生优良的品质

良好行为习惯的形成，是学生成才的重要条件，青少年学生首先必须明白哪些是良好的行为习惯，哪些行为习惯不能养成，为什么要有良好的行为习惯。培养中职学生谦虚谨慎、沉着稳定、三思而后行的品质和习惯，注意防止和克服盲目骄傲、冲动、妄为的不良习惯，养成勇于自我批评和勇于接受批评的品质，不断地克服自己身上的弱点，使自己的行为方式能够适应社会和时代的前进步伐。

3. 要锻炼坚强的意志，培养和增强受挫耐受力

意志，是自觉地确定目的并努力克服困难，以实现预定目的的心理活动。意志的强弱对一个人的行为以至一生能否作出贡献和成就，都有重大的影响。培养学生的意志品质，可以锻炼学生的意志，增强他们克服困难、战胜困难的能力。青少年学生要学会在逆境时不颓废消极，在顺境时不忘乎所以。凡事从实际出发，既不回避现实，不陷入消极的玩世不恭的状态，也不存非现实的奢望。

为了实现继续念书的愿望，18岁的安徽姑娘洪招娣来到广东打工。谁知老乡给她介绍的工作是传销，招娣不依，从三楼的窗户跳下去，摔成了全身瘫痪。她的故事在社会上引起强烈反响。岭南工商学院不仅将捐款送到了她的床头，还送来了“录取通知书”，这些都鼓舞着招娣以更坚强的毅力积极配合医生治疗。半年后，奇迹出现了——在病床上躺了5个月的她终于站起来了！

招娣又走进了学校。老师们都担心，三节腰椎爆裂粉碎性骨折、身上带有三块钢板的她，能一连坐几个小时坚持正常上课吗？招娣没

有让人们失望，她凭着坚强的意志苦苦支撑。

功夫不负有心人，在短短的一年多的时间里，她不但补回了初中所缺的课程，而且期末考试总成绩名列全班第一，不仅如此，她还成为全校的打字能手。

思考： 我们要学习案例中主人公什么样的精神？怎样才能让自己的生活更有价值、更有意义？

4. 要培养活泼、开朗、豁达的性格

青少年学生要保持乐观的精神和稳定的愉快的心境，高兴时不过度兴奋，遇到不快或不幸的事情时也不过度忧伤和愁闷。这就需要大家培养广泛的兴趣和爱好，使自己的精神生活丰富、充实。乐观的人常常能看到生活的光明面，对前途充满希望和信心，对自己从事的工作或学习抱有浓厚的兴趣，并在工作和学习中充分发挥自己的智慧和能力，获得成功。

5. 要培养爱心

“人之初，性本善。性相近，习相远。苟不教，性乃迁。教之道，贵以专。”这是大家都朗朗上口的一段话，其实就是告诉大学，要培养爱心，关键在于良好的思想品德的培养。著名教育家苏霍姆林斯基也说过：“爱的教育应是整个教育的主旋律。”培养爱心，是素质教育的要求。青少年学生要具有人道主义精神，凡事多为他人着想，关心和帮助同学朋友，尤其是在其他同学遇到困难的时候，能够给予同情、关怀和援助。

6. 加强心理修养，培养积极的生活态度，形成健全人格

随着科学技术的发展和教育的现代化，经济全球化的进一步加快和我国对外开放的进一步扩大，对人的素质的要求越来越高。为了确保我国在激烈的国际竞争中始终立于不败之地，确保实现全面建设小康社会的宏伟目标，加快推进社会主义现代化，现在的青少年学生不仅要提高自己的文化教育水平，还要加强个人的心理修养，提高人格品质。一个人心理素质的好坏对他的成才有着重要的影响，良好的心理素质是个人成才坚实的心理基础，能使人更快进步。应该注重培养中职学生健康的心理素质和健全的人格，培养积极的生活态度，以更好地迎接生活中的各种挑战。

无论是多么伟大的人，还是多么平凡的人，都需要以健康的人格来

支撑。它就像一个“人”字，一撇是才能，一捺是人格，出色的才能加上健全的人格，才能支撑起顶天立地的“人”来。只有注重人格教育，启迪学生智慧，充分开发学生个性潜能，强化学生竞争意识，提高学生进取意识及生存发展的能力，才能最终使学生学会做人、学会认知、学会做事、学会生活、学会创造、学会奋斗，真正成为德、智、体、美、劳全面发展，适应21世纪经济和文化发展需要的高智能、创业型英才。

第二节　良好习惯　成就未来

一、什么是养成教育

（一）养成教育是培养好习惯的教育

养成教育就是培养学生养成良好习惯的教育。而所谓培养，就是“按照一定的目的长期地教育和训练”。养成教育就是从行为训练入手，综合多种教育方法，全面提高孩子的素质，从而达到其最终的目的——让孩子形成良好的习惯。

1978年，75位诺贝尔奖获得者在巴黎聚会。有人问其中一位：“你在哪所大学、哪所实验室里学到了你认为最重要的东西呢？”出人意料，这位白发苍苍的学者回答说：“在幼儿园。”又问：“在幼儿园里学到了什么呢？”学者答：“把自己的东西分一半给小伙伴们；不是自己的东西不要拿；东西要放整齐，饭前要洗手，午饭后要休息；做了错事要表示歉意；学习要多思考，要仔细观察大自然。从根本上说，我学到的全部东西就是这些。”这位学者的回答，代表了与会科学家的普遍看法。

思考：这些科学家认为，终生所学到的最主要的东西，是幼儿园老师给他们培养的良好习惯。对此，你有何感悟？

（二）养成教育是管一辈子的教育

1. 习惯是养成教育的产物，习惯改变人的一生，习惯能决定人的命运

著名心理学家威廉·詹姆士曾经指出：“播下一个行动，收获一种习惯；播下一种习惯，收获一种性格；播下一种性格，收获一种命运。”著

名教育家乌申斯基也有一个精彩的比喻："好习惯是人在神经系统中存放的资本，这个资本会不断地增长，一个人毕生就可以享用它的利息。而坏习惯是道德上无法偿还的债务，这种债务能以不断增长的利息折磨人，使他最好的创举失败，并把他引到道德破产的地步。"好习惯是加速器，是助人腾飞的双翼；坏习惯是枷锁，是难以挣脱的羁绊。习惯支配人生，成也习惯，败也习惯。

有一个旅行者，他有每到一地都寻找奇异的小石子作留念的习惯。有一次，他在一座山下的一条融雪汇聚成的溪流里发现了一颗硕大的钻石。

思考：这个旅行者为什么能发现钻石而其他人却发现不了呢？从这个故事里我们能发现什么道理？

2. 养成教育的目标

养成教育的目标分最低目标与终极目标。最低目标是：通过培养人的良好行为习惯和良好思维习惯，解放人的大脑。习惯是人体中的软件系统，使用这个软件系统，人的许多行为与思维活动将处于一种不假思索的下意识状况，从而使大脑得以解放出来，集中到自由创造的方面上来，最终激发大脑的潜能。终极目标是：培养人学会做人、学会学习、学会创造。这也是素质教育的三大核心任务。

二、养成教育的内容

（一）信之养成

我国现代著名教育家陶行知说过："千教万教，教人求真；千学万学，学做真人。"而教育的宗旨就是培养一个真正的人。一个真正的人，首先应当是一个讲诚信的人。

目前，社会竞争激烈，"优胜劣汰，适者生存"是公认的法则。有些人为了更好地立足于社会，竟以牺牲别人的利益为代价。社会上尔虞我诈、相互欺瞒的现象屡见不鲜。诚信危机不仅是社会的悲哀，更是人类的不幸。社会不是独立的，随着科技的发展和分工的细化，人与人之间的关系反而更加紧密，很多事情都需要共同协助才能完成。如果人与人不能相互信任，凡事犹豫、猜疑，如何能更好地协作呢？诚信是立身之本。

某高校的几位学者有一次到国外参加会议，按照约定要与某一外国组织成员开个座谈会。不料我们的这几位学者迟到了几分钟，结果对方以彬彬有礼的退席表达了自己的不满。

思考： 在现代人际交往及日常生活中，是否“守时”，至为重要。如果你不小心迟到了，应该怎样弥补自己的错误呢？

我们常说，伟大的人格造就伟大的事业。只有那些品行高尚的人，才会产生磁石般的凝聚力吸引周围的人，才能在当今竞争激烈的社会中立于不败之地，获得辉煌的成就。

（二）礼之养成

中华民族在文明历史的长河中是一颗璀璨的明珠，享有“礼仪之邦”的美誉。文明礼仪是精神文明的一个重要内容，是一个人道德品质的外在表现，也是衡量一个人教育程度的标尺。文明礼仪养成教育不仅是个体道德品质和个性形成的基础教育，也是提高全民族道德素质、振兴民族精神及建设社会主义精神文明的基础教育。基础文明礼仪养成教育，就是教人学会与现代社会相适应的具有现代文明内涵的社会生活规范。它包括文明行为、文明习惯、文明语言、文明衣着、礼貌修养，乃至良好的个性心理品质等。

华盛顿是美国历史上最令人尊敬的、堪称美德典范的总统，他的诚实故事家喻户晓。他从小看得最多的一本书，是随身携带的小册子——《与人交谈和相处时必须遵循的文明礼貌规则110条》。好习惯成就了一个伟大的总统和一个伟大的人。

思考： 在我们的日常生活中，有哪些文明礼仪的好习惯？

文明礼仪是我们学习、生活的根基，是我们健康成长的臂膀。“千学万学，学做真人”，说的就是学习应先学做人，学做文明人，学做社会人。因此每一个人都要从我做起，从每一件小事做起，让文明礼仪之花处处盛开。

（三）纪之养成

规则有自然的、客观的，比如树木需要阳光才能生长得更好；也有人为的，也即在社会生活中为了维护人民的权利和社会的安定而制定出来的供大家遵守的制度或章程，它规定了什么事情应当做，什么事情不应当做。人为规则随着时代的变化而变化，有些成为约定的习俗和道德，比如社会公德、公共秩序等；有些成为明文规定的规章制度，如法律条文等。

“没有规矩，不成方圆”，社会正是有了规则才能正常运转。但这种规则并不是对人的限制，而是要求人们能因为它的存在获得安全感和归属感。

据中央电视台报道，国庆节后的天安门广场，随处可见的口香糖残迹显得格外刺眼，40 万平方米的天安门广场上竟有 60 万块口香糖残渣。有的地方不到一平方米的地面上竟有 9 块口香糖污渍，密密麻麻的斑痕与天安门广场的神圣和庄严形成了强烈的反差。

思考：为什么在天安门广场这么庄严的地方，却依然有这么多人不守规矩？大家在生活中是不是也这么“不拘小节”呢？

同学们要在生活中了解最基本的公共秩序和社会公德，并且牢牢记住。当自己第一次违反规则时，要及时加以改正，因为形成一个坏习惯很容易，而改变它却很难。同时我们也要明白，不按规则办事，也许偶尔能侥幸逃脱，但终究还是会受到惩罚。所以一定要学会按规则办事。

（四）法之养成

法律意识乃社会法制之根本，社会主义法制体系的建立及正常运行依赖于法律意识的完善。当代青少年学生法律意识和法制观念的强弱，直接关系着依法治国进程的快慢，甚至决定着依法治国、建设社会主义法治国家的宏伟目标能否真正实现。这几年，与青少年学生有关的违法犯罪案件明显增多，除了受社会中拜金主义、享乐主义思潮的影响外，法律意识不强、法制观念淡薄也是一个重要原因。

2004 年 9 月，开平 4 名 16 岁少年铤而走险，回原就读中学用殴打、搜身、恐吓等手段，对男宿舍 15 名男生实施抢劫，抢得人民币 111 元，最终被判处有期徒刑 2 年，并处罚金 1000 元。在审讯时，4

人非常后悔做了这样的事情，他们说，被抓获时非常害怕，但在抢劫的时候未曾想过抢劫是犯罪行为，心里只有一个念头：要钱用。同时4人更是痛悔自己不懂法律，因为他们似乎曾经听别人说过，不满18岁的人是不会被判刑的，所以带着侥幸心理去抢劫，结果受到法律的严惩。

思考：以上4人犯罪后仍未认识到自己已触犯法律，最大的原因是什么？

因此，同学们要认识到，法律意识的养成是一项复杂的社会系统工程，除了在学校学习法律知识外，更需要社会各个方面相互配合，共同努力。

（五）思之养成

孔子在谈思考与读书实践结合的重要性时提到：学而不思则罔，思而不学则殆。这告诉我们，不论是读书还是教学实践，要学会思考，没有思考就不会去粗取精、去伪求真，没有思考就没有概括与提炼，没有思考就没有思路与升华，没有思考更不可能去解决实际中的问题。对待生活中出现的问题，我们都要积极思考，才能找到合适的解决问题的办法。

有位秀才第三次进京赶考。考试前两天他做了两个梦：第一个梦是梦到自己在墙上种白菜，第二个梦是梦到下雨天自己戴了斗笠还打着伞。临考之际做此梦，似乎有些深意，秀才第二天去找算命的解梦。算命的一听，连拍大腿说：“你还是回家吧。你想想，高墙上种菜不是白费劲吗？戴斗笠打雨伞不是多此一举吗？”秀才一听，心灰意冷，回店收拾行囊准备回家。

店老板非常奇怪，问：“不是明天才考试吗？今天怎么就打道回府了？”秀才如此这般说了一番，店老板乐了：“唉，我也会解梦的。我倒觉得，你这次一定能考中。你想想，墙上种菜不是高种（中）吗？戴斗笠打伞不是有备无患、双保险吗？”秀才一听，觉得很有道理，于是精神振奋地参加考试，居然中了个探花。

思考：影响秀才情绪的最重要原因是什么？是事物本身，还是人们对事物的看法？

通过思考，我们可以知道，事物本身并不影响人，人们只受到自己对事物看法的影响，所以人必须改变被动的思维习惯，养成积极的思维习惯。当今是新知识层出不穷的时代，与其说不注重学习将被时代淘汰，不如说不善于思考将被时代淘汰。我们每一天都会遇到一些新问题，接触一些新事物，古人就提倡“吾日三省吾身”，我们则更有必要专门抽出时间对一天之所学所闻、所作所为进行一番思考，这样常学习、常思考、常总结，我们才会常有收获、常有进步。

（六）行之养成

我国著名教育学家陶行知先生曾经提出，我们要学会在实践中把道理加以运用，要做到“知行统一”。中国古代思想家王阳明认为：“知”，主要指人的道德意识和思想意念。“行”，主要指人的道德践履和实际行动。因此，知行关系就是道德意识和道德践履的关系，也包括一些思想意念和实际行动的关系。

合作是人的一项基本素质和品格，是指在需要相互配合的事情上与别人协调一致，做好自己的工作。在古代，人们十分重视合作这种品质。“二人同心，其利断金。”“天时不如地利，地利不如人和。”这些都强调合作的重要作用。在现代社会，分工日益精细，人与人之间的依赖程度日趋增长，人类进入了一个合作的时代。一个人如果不能与人真诚合作，他就不可能获得成功。

一位老师引导学生做了一个非常有趣的实验——“火海逃生”。老师将七粒乒乓球放进瓶子，只露出系着的棉线。瓶子代表楼房，细细的瓶颈是唯一的出口，七粒乒乓球代表七位居民。要求：当大楼起火时，全体居民能在短时间里安全逃离。七名学生兴奋地上场了，他们各抓住一根棉线，听到口令都以最快的反应拉扯，可没一个人能让乒乓球脱离火海，原来，七粒乒乓球都卡在了瓶口。这几个学生面面相觑，只见其中一个小声跟同伴们商量了几句，又开始了新的一次实验。这回大家没有各顾各地拉棉线，而是由左到右依次地拉。结果，火还没有起来，七粒乒乓球已从瓶口安全逃离。

思考：为什么这七粒乒乓球最后能够安全脱离火海？

要养成合作的习惯，首先要培养合作意识，认识到什么是合作以及合作的价值。只有梳理了合作意识，才有可能做到热心帮助别人，虚心请教别人，友善、平等地对待周围的人。只要奉献出自己的一份力量，就能获得更多的快乐。

（七）俭之养成

“艰难困苦，玉汝于成”，“居安思危，戒奢以俭”。中华民族历来以勤劳勇敢、不畏艰苦著称，历来讲求勤俭持家，勤俭办一切事情。事实上，节俭作为一种生活方式，体现了一个人的理想信念、价值观念和生活态度，也是建设节约型社会、实现可持续发展的必然要求。节俭是一种美德。当然，一时节约易，天天节约则难；一事节约易，处处节约则难。要把这种美德发扬下去，需要一定的坚韧和自觉，需要道德约束，只有人人都以勤俭节约为荣，理性消费，才能形成节俭持家的良好社会风尚。

下午2点，食堂不再喧闹，同学们用完餐已经离开，三三两两的工作人员正在收拾餐盘。可以看到，桌面上留下了许多剩菜剩饭，有的餐盘里的菜甚至都没动过。工作人员把这些饭菜收拾了，倒进泔水车里，拉走处理掉。

思考：同学们应该如何避免这种严重的浪费？

作为明天的主人，青少年学生在享受丰富的物质生活的同时，更应养成勤俭的习惯，更应倡导节约的风尚，更应承担起节约资源、杜绝浪费的责任。勤俭节约并不是一件有多难的事情，也并不需要你刻意做些什么。只要你多一份细心，多一丝关注，多一点行动，勤俭节约就体现在你身边的点滴生活里。比如，当你看到一个还在滴水的水龙头时，你走过去将它拧紧；当你学习完毕离开教室的时候，你不忘记随手关掉电灯、电扇。如果每个学生都能树立起节俭意识，自觉地将节俭融入到生活中，以节俭为荣，使之成为校园的新风尚，那将不仅有利于自身的成长，也有利于整个社会节约风气的形成。

（八）情之养成

情绪对人的发展非常重要，良好、愉快、稳定的情绪是身心健康的必备条件。长时间情绪不稳定、抑郁可导致身体病变。因此，培养良好的情绪对人的身心健康和疾病防治起着至关重要的作用。

有一个男孩脾气很坏。他的爸爸给了他一袋钉子，告诉他，每次发脾气或者跟人吵架的时候，就在院子的篱笆上钉一根。第一天，男孩钉了 37 根钉子。后面的几天他学会了控制自己的脾气，每天钉的钉子逐渐减少了。他发现，控制自己的脾气，实际上比钉钉子要容易得多。终于有一天，他一根钉子都没有钉，他高兴地把这件事告诉了爸爸。爸爸说："从今以后，如果你一整天都没有发脾气，就可以在这天拔掉一根钉子。"日子一天一天过去，最后，钉子全被拔光了。爸爸带他来到篱笆边上，对他说："儿子，你做得很好，可是看看篱笆上的钉子洞，这些洞永远也不可能恢复了。就像你和一个人吵架，说了些难听的话，你就在他心里留下了一个伤口，像这个钉子洞一样。"

思考：为什么说"退一步海阔天空"？宽容和心态调整对我们意味着什么？

无论是生活还是学习，保持一个乐观积极的心态，可以让我们内心平静，处理问题时也能头脑清醒，更容易找到有效的解决方法。即使遇到挫折，也不会逃避或从此一蹶不振，而是能正视它，换个角度想问题，找到另一条出路。这才是生活的强者。具有这种人格的人，别人也更愿意与之交往。

（九）增强安全意识　实现幸福安康

我们知道，当把人的生命比作"一"，把事业比作"零"时，就算人的事业有多么的辉煌，倘若生命没有了，没有了"一"，后面有再多的"零"又有什么意义呢？安全对我们每个人来说都非常重要，不论你是什么身份，为了我们的家庭幸福和社会的和谐发展，都应知道安全，熟悉安全。

目前我国每年死于各类事故的有十余万人，同时造成了巨大的经济损失。人们对安全重要性的认识随着事故的危害性增大而加深，现在大多数人已感悟到安全的重要性。它是社会、学校的头等大事，是国家和人民永恒的主题。

2010 年 12 月 11 日 7 时 20 分许，云南楚雄市某中学高二年级一班学生李某某与同班同宿舍同学汪某在男生公寓 401 室因口角发生冲突，李某某用刀子捅伤汪某，另一名同班同宿舍同学徐某某在劝架过程中也被李某某捅伤，之后李某某自杀。三名学生随即被送往州医院救治，其中两名学生抢救无效死亡，另一人重伤。

思考：是什么原因让同宿舍同学之间由口角上升到打架，最后造成人员的伤亡？若因学习、生活之事与同学发生矛盾，我们应该如何处理？

当代学生是祖国的未来，民族的希望，肩负着中华腾飞的重任。青少年学生的顺利成长关系到党和国家的前途和命运。青少年学生正处于人生成长的关键时期，面临学习、生活、恋爱、升学、就业等一系列的人生重大课题，因为社会阅历简单，处事没经验，所以防范能力较差，因此，我们要在校园学习生活中加强自我保护、自我防范意识，安全圆满地完成学业，成为国家有用之材。

小行一到上课的时候就想玩手机。他也知道上课玩手机是非常错误的行为，学校是明令禁止的，但他还是忍不住。有一天，小行又在课堂上玩手机的时候被任课老师发现了，老师批评了他。小行认为老师在同学面前批评自己是不给自己面子，于是跟老师大吵一顿，并冲出了教室。

你认为小行这样的行为和态度对吗？作为同学，你应该怎样跟小行沟通？

我思我悟：

●本章回顾

1. 健康人格对中职学生的发展起着至关重要的作用。

2. 良好的习惯会影响人的一生。作为青少年学生，更要重视良好习惯的养成。

第二章 信之养成

第一节 达信于诚 言而有信

同学们，在我们漫漫的人生路上，什么不可丢弃？在我们遇到艰难困苦时，什么要永留身边？它就在我们身边，离我们是那样的近，又是那样的远、那样的模糊。它是我们远行路上的灯塔，指引着我们前行的方向。它就是我们身边的朋友——诚信。

一、诚信的内涵

所谓诚信，就是诚实，守信用。诚信包含两方面的含义：所谓“诚”，就是诚实待人，以真诚的言行对待他人，言行一致，不说谎话；所谓“信”，就是言而有信，有责任心，能够履行跟人约定的事情而取得别人的信任。

> 某中职校学生小杨，担任班委期间，班主任把教室的钥匙交给她管理，要她早晨提前到教室开门，放学后锁教室门。她答应了。有一个双休日，她回县城新家，星期一很早她就催爸爸用摩托车送她去学校。可是不巧，路上车坏了。她急哭了，这怎么办呀？我迟到了，同学们怎么能进教室。她硬是向爸爸要钱打的赶到学校，及时开了教室门，没有失去对班主任的承诺。这件事虽小，但说明小杨是个对人守信、做事负责任的好学生。

思考：对于诚信这一做人原则，你在现实生活中做得如何？

二、诚信是立人之本

有人说，“没有良好身体素质的学生，是废品；没有良好智力素质的学生，是次品；没有良好品德素质的学生，是危险品”。在人的一生中，我们会得到许多，也会失去许多，但守信用却应是始终陪伴我们的。

一个中国留学生在日本东京一家餐馆打工，老板要求洗盆子时要刷6遍。一开始他按照要求去做，刷着刷着，发现少刷一遍也挺干净，于是只刷5遍；后来，发现再少刷一遍还是挺干净，于是又减少了一遍，只刷4遍。与此同时，他暗中留意另一个打工的日本人，发现他还是老老实实地刷6遍，速度自然要比自己慢许多，便出于“好心”，悄悄地告诉那个日本人说，可以少刷一遍，看不出来的。谁知那个日本人一听，竟惊讶地说：“规定要刷6遍，就该刷6遍，怎么能少刷一遍呢？”

思考：如果你是老板，你希望聘用哪位员工？

自古以来，诚信是中华民族的传统美德，它不仅是对每个人道德品质的基本要求，也是我们的立人之本，所以我们要从小打造一个诚信的我，做到诚实守信。既然诚信是我们做人的第一要素，是每个人必须具有的品质，那么我们该如何来养成呢？

三、做一个言而有信的人

（一）从小事做起

人生最重要的东西是什么？有人说是健康，有人说是美貌，有人说是才能，有人说是才学，还有的人说是金钱……其实，诚信才是一个人的立身之本。但在生活中有这样一些人，一再违背自己的诺言，他们把承诺当作一件很随便的事，答应了就答应了，根本没有想要兑现。

黄红与刘伟相约星期六下午三点在电影院门口见面，一起去看新上映的电影，还彼此强调不见不散。不料，星期六下午黄红却陪另一个同学去溜冰。刘伟在电影院门口苦等黄红，错过看电影，很恼火，从此不再和黄红接近；黄红也感到他们的友谊淡薄了许多，遂断绝了来往。

思考： 你认为黄红失去朋友的原因是什么？在生活中这只是一件小事吗？

《韩非子》中说："巧诈不如拙诚。"一个人的自身修养最根本的是以诚为本，以信为用，做到诚实守信。交朋友如果没有信用，别人是不会相信你的。交朋友不仅自己要守信，还应该选择守信的朋友。真诚相待才会拥有真正的朋友。欺骗别人的感情只是一时的，一旦被别人识破以后，便失去了别人对自己的信任，也就失去了这个朋友。

正因为是小事，才需要我们在一开始的时候就要认真对待，否则不守诚信就会慢慢变成习惯。一旦真的遇到重大事情，以前养成的习惯就会使你再一次不守诚信。那么，到这个时候，你就真的变成了一个毫无诚信的人了。《弟子规》中说："凡言出，信为先。"就是说，说话做事要把诚信放在第一位，在人际交往中，只有真诚待人，才能与人建立和保持友好的关系；只有诚信，才能赢得别人的信任。因此，我们要从现在做起，从小事做起，树立"言而有信，无信不立"的观念，真正做一个诚实守信的人。

（二）从诚信考试做起

作为新时代的中职生，在学好文化知识的同时，还应培养诚实守信的思想品质，所以在求学阶段，同学们要学会老老实实做人，老老实实办事。现在就让我们从不抄袭他人作业、考试不作弊开始。

思考： 有些同学平时学习不认真，考试则通过不正当的手段得以通过。你认为他们这样做对吗？我们应该怎样去帮助他们？

遵守考试纪律是每个中职生最基本的素质要求，是诚信做人的具体体现。作弊是一种不文明、不道德的行为，是一种违反学校纪律、违反公平竞争的行为。

虽然考试作弊有可能使你避免不及格，暂时取得较好成绩，得到一些荣誉，但是一次次不文明、不诚信的行为葬送的却是你的尊严和信誉！考试作弊实际上

是一种不劳而获的思想在作祟，不想通过辛勤劳动、辛勤努力而得到收获。作弊和偷窃是同样性质的行为，在学校里不想通过努力学习而想靠作弊取得好成绩，长大后到社会上、到工作岗位上想得到好的收入、好的生活，很可能就会想靠偷窃这种捷径去谋取。所以，考试作弊看似小事，实际上危害极大。

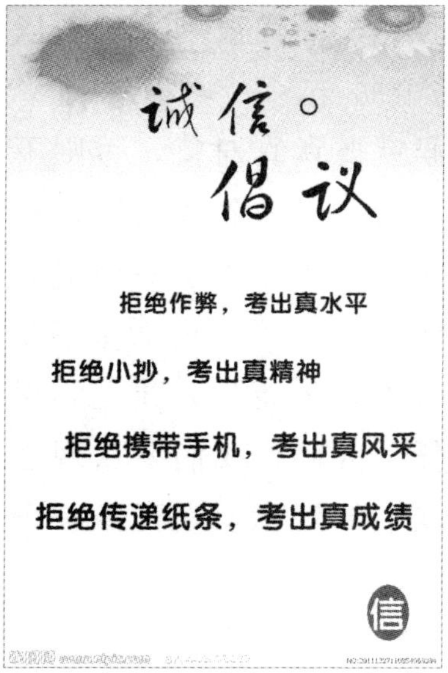

作为各方面习惯、性格都处在养成阶段的中职生，成绩不仅是学生学习状况的检验，更是一个人健康人格、良好人生态度的检验。不合格的成绩写在成绩单上并不可怕，可怕的是违规作弊的思想腐蚀了你的心灵。考试作弊不仅是对自己能力的否定和蔑视，更是对学校学风的亵渎。

试想，如果在学生时代就随意糟蹋自己的信用，靠虚假的成绩怎么能在明日的就业竞争中胜出？同时，作弊也会损坏校园里公平公正的气氛。因此，同学们要以诚信为本，诚实面对自己，守住内心的一份坚持，从自己做起，从现在做起，交出一份合格的诚信答卷……

（三）从公平竞争做起

孔子在《论语》中说："人而无信，不知其可也"。意思是说，如果一个人不讲信用，说话不算数，这个人就不可能做成什么事情，更不可能在社会上立身处事。

美国一家公司欲与中国一家大公司合作。签署和约前，美国这家公司的信息员查询到这样的信息：欲合作的公司许诺的抗灾捐款没有兑现。美国这家公司果断决定，不与这家公司合作，另寻新的合作伙伴。

思考：这个案例给我们什么启示？

诚实守信，这是社会的主流，如果没有诚实和守信的品德，就没有光明的未来。因此，为人处世，做事立业，最讲究的就是一个"信"字。

"言必信，行必果。"诚实是守信的基础，守信是诚实的体现，二者紧密相连，不可分割。守信，就是要遵守诺言，不虚伪欺诈。诚信其实也是一种利己的行为，言而无信最终吃亏的是自己。

“人之所助者，信也。”现代社会纷繁复杂、竞争激烈，无论做什么事情，想要获得成功，必须以诚信为本，做到以诚待人，以信服人，这样才能获得他人和社会的信任，为自己的事业铺平道路。

做人要以诚信为本，这是自古以来人们一贯认可的准则。周恩来总理曾深刻地指出：自以为聪明的人往往是没有好下场的。世界上最聪明的人是最老实的人，因为只有老实人才能经得起事实和历史的检验。诚实的具体表现就是敢讲真话，不讲假话。讲老实话，办老实事，做老实人，是每一个欲在事业上做出杰出成就的人应有的品德修养。

在某工厂的一条生产流水线上，某中职实习生为了赶进度，没有严格按照生产操作规范去接线，将没有接实的线头交给了下一道工序人员。厂部产品检验部门抽查后发现产品质量有问题，可就是查不出原因。最后只好将该产品全部层层分解，终于发现了原因，追查到了该中职实习生。当领导找到他时他却推脱责任，不诚实。领导只好请他回家了。

思考：你觉得企业愿意录取诚信的员工还是不诚信的员工？

如果有的人诚实，有的人不诚实，二者便无法处于同一起跑线，竞争就不公平。国家建设需要的是有真才实学的人，而不是滥竽充数的南郭先生。技能再好的员工，如果缺乏责任心，不能严格按照规章办事，不讲诚信，生产单位是不会要的。因为技能是可以培养的，不良的道德素质和品行却是一时无法改正的。

思考：培养诚实守信的品质，你认为需要从哪些方面做起？

做一个诚信的人，需要做到知、行、情的统一。

所谓“知”，就是要知道哪些现象是诚信的表现，哪些不是。要知道，丢失诚信，小则无以立人，大则有贻误事业的危害。

所谓“行”，即从学习、生活中的每一件小事做起，言行一致、表里如一，规范诚信的行为。

所谓“情”，即通过认知和行为，不断深化对诚信的认识，加强情感体验，激发诚信情感的取向，最终形成诚实守信的高尚品格。

思考：中职生应当如何建立诚信的品格？

我们的诚信可以这样建立：一是不轻言承诺，诺则一诺千金；二是不做损人的事；三是不轻浮，不开过火玩笑；四是不与人比吃穿，要比学习，比对班级集体的贡献。

中国自古有“一言九鼎”之说，我们经常用“君子一言，驷马难追”来提醒一个人要信守承诺。让我们从现在做起、从我做起、从身边小事做起，做到明礼诚信，只有这样，才能取信于他人，服务于社会，奉献于国家和人民。

技能训练：中职生诚信自测问卷

亲爱的同学：

你好！这份问卷主要目的是了解当前中职学生对诚信的认识和对学校诚信教育的看法。请注意，本问卷不记名。因此请大家讲实话、说心里话，实事求是地填写每道题目，在各选项中选出最接近自己真实想法和真实行为的选项。

1. 在食堂，当用餐人很拥挤时，你通常（　　）

A. 总能自觉排队

B. 有值班老师时就排队

C. 一般会想办法插队

2. 买东西时不慎收到一张假钞，你会（　　）

A. 立刻交到银行

B. 自己留着，不拿出去流通或扔掉

C. 想办法花掉

3. 公交车里人很多，你上车时没有买票，下车时（　　）

A. 会主动找到司机补票

B. 司机问起才补票

C. 说自己买过了，一走了之

4. 和他人交往时，你是否看重对方的诚信（　　）

A. 十分看重

B. 比较重视

C. 无所谓，大家开心即可

5. 当前国民总体的诚信情况（　　）

A. 很好　　　　B. 一般　　　　C. 较差

6. 讲诚信在中职生的求学、求职、就业过程中重要吗？（　　）

A. 非常重要　　　　B. 一般重要　　　　C. 不重要

7. 在日常生活中，你是否能做到诚信？（　　）

A. 能

B．基本能，但有的事要视具体情况而定

C. 没有特别注意，按自己的生活方式生活

8. 对学生诚信教育的关键是（　　）

A. 通过事例提高学生对诚信重要性的认识

B. 加强对违纪、不诚信学生的处罚力度

C. 要靠社会总体环境的好转

9. 如果有同学要逃课，请你帮他（她）“合理说明”一下，你会（　　）

A. 不答应

B. 犹豫片刻，一般情况会答应

C. 很乐意

10. 进入职业中学以来你是否有过考试作弊现象（包括未被老师发现的情况）（　　）

A. 从来没有　　　　B. 偶尔有过　　　　C. 经常

11. 你能否接受学生考试作弊的行为（　　）

A. 不能接受　　　　B. 可以理解　　　　C. 只要不被抓住就可以

12. 培养自己的诚信品质，下列哪个是最主要的途径（　　）

A. 父母教育　　　　B. 学校教育　　　　C. 社会整体氛围

13. 你的一个好朋友犯了错误，当老师或学校向你调查时，你会（　　）

A. 如实说出　　　　B. 略去重要情节　　　　C. 推托说不知道

14. 你的老师能遵守校纪校规、做到言出必行吗？（　　）

A. 通常能　　　　B. 有时能　　　　C. 很少能

15. 我校师生总体上“诚信度”怎么样？（　　）

A. 有很高的诚信度，能互相信任

B. 一般，大多数师生还可以

C. 大多没有诚信

16. 在中职学校开展诚信教育（　　）

A. 有必要　　B. 毫无必要　　C. 无所谓

17. 当你违纪、违规或犯错误被发现时，会（　　）

A. 实事求是，全盘托出

B. 少说，尽可能隐瞒真相

C. 有时全讲，有时隐瞒

18. 当你违纪、违规或犯错误时，老师通常采取的教育方式是（　　）

A. 问清事实，晓之以理

B. 倾听你的申辩

C. 不听辩解，严肃批评，大多强行灌输学校要求

19. 对老师的批评、教育一般（　　）

A. 能接受　　B. 大多听不进　　C. 有时听，有时不听

20. 学习成绩好可获得奖学金，那么你觉得学校对学生的“诚信”评价合理吗？（　　）

A. 不合理，常把大多数荣誉给成绩好的学生

B. 一般

C. 很合理，能把学习成绩与品德区分开

21. 你愿意做一位诚实守信的人吗？（　　）

A. 愿意　　B. 没想过　　C. 无所谓

22. 对你们开展诚实守信这方面教育的人主要是（　　）

A. 班主任　　B. 家长　　C. 任课教师

23. 学校开展的诚信教育有效吗？（　　）

A. 很有效　　B. 一般　　C. 无效

24. 学校的诚信教育内容怎么样？（　　）

A. 很新，学生很爱听

B. 老一套，不爱听

C. 一般，有时听，有时不听

25. 学生上课无故迟到早退、不守校纪校规是不讲诚信的表现吗？（　　）

A. 是　　B. 不是　　C. 不知道

（选A得两分，选B得一分，选C不得分。40分以上表示你非常讲诚信，30～40分表示你比较讲诚信，30分以下表示你不讲诚信。相信你会给自己一个正确的评价！）

诚信格言：

- 诚者，天之道也；思诚者，人之道也。——孟子
- 言无常信，行无常贞，惟利所在，无所不倾，若是则可谓小人矣。——荀子
- 伟大人格的素质，重要的是一个诚字。——鲁迅
- 对人以诚信，人不欺我；对事以诚信，事无不成。——冯玉祥
- 你必须以诚待人，别人才会以诚相报。——李嘉诚
- 失足，你可以马上恢复站立；失信，你也许永难挽回。——富兰克林
- 如果要别人诚信，首先自己要诚信。——莎士比亚
- 一个人严守诺言，比守卫他的财产更重要。——莫里哀
- 遵守诺言就像保卫你的荣誉一样。——巴尔扎克
- 信用既是无形的力量，也是无形的财富。——松下幸之助

第二节　守时惜时　行而有效

同学们，不知你们是否注意到，经常有一些同学踩着上课的铃声行进在前往教室的路上。其中许多同学常常会找各种理由，如“堵车”“闹铃没响”“生病了”等等，用谎言和借口来开脱和自我安慰。

鲁迅十三岁时，他的祖父因科场案被逮捕入狱，父亲长期患病，他一边上学，一边要帮母亲料理家务。为了生病的父亲，他常奔走于当铺与药铺之间。一天早晨，他上学迟到了，受到了教书认真的寿镜吾老先生的严厉批评：“以后要早到!”面对先生的责备，鲁迅本可以说明具体情况，或许老先生由此也会原谅他。但是，鲁迅并没有争辩什么。他选择的是默默地回到座位上，把一个“早”字刻在自己的书桌上，并将一个坚定的信念深深地刻在了心里。

这个信念就是：自此以后，自己上学再也不迟到，而且时时早，事事早。他这样想着，也这样做了，并且为此毫不松弛地奋斗了一生。于是，他获得了成功，成为我国现代杰出的文学家、思想家和革命家。

思考：同学们，知道迟到会带来什么样的不良影响吗？

迟到会打断老师的讲课，影响大家的注意力，浪费大家的时间。迟到，破坏的是自己的信誉和形象。我们应该树立一个良好的守时观。请记住：诚信，从守时开始。

一、守时是一种美德

守时是一种美德。懂得珍惜时间的人，不仅仅要注意不浪费自己的时间，也要时时注意不浪费别人的时间。

鲁迅先生曾说过，生命是以时间为单位的，浪费别人的时间就等于谋财害命。而这种典型的"谋财害命"在我们的生活中却经常发生。通知了几点开班会，却总有那么几个人迟到；做早操时间已到，就是有人不见踪影……

思考：鲁迅"早"的故事给我们中职生以什么样的启示呢？

同学们，让我们做个守时的学生吧，否则，我们失去的，又何止是几秒钟或是几分钟的时间呢？让我们从今天做起，从上课不迟到做起，做一个守时的人，向迟到告别，希望在上课铃声响过之后，教室外不会再出现你姗姗来迟的身影。

二、守时是职业道德的基本要求

一个人在自己的职业生涯规划成长的过程中，要具备许多重要的职业素养，而守时是最基本也是最重要的品质。如果你是一个求职者，需要参加面试，而你却迟到了，那么不管你有什么理由，都会被视为缺乏自我管理和约束能力，即缺乏职业能力，给主考官留下非常不好的印象。

若你想在企业中生存下去，首先必须守时。做一名好的员工，就要时刻记得遵守时间，不要迟到。要知道，守时虽然只是一个小事情，但却在不知不觉中影响着你的职业形象。守时即是信用的礼节，公共关系的首环，也是优秀员工必备的良好习惯。

守时是纪律中最原始的一种，无论上班、下班、约会，都必须准时，这也是做人的最基本要求。准时上班很重要，迟到是不能得到谅解的行为，因为这表示你对工作不够重视。无论大小事情，如果你每次都守时，相信你一定能获得别人的认同，有一个好的人缘。

“小巨人”姚明，以他的卓越成绩成为世界级的篮球明星，这与他平时刻苦训练、努力学习、认真谨慎、沉着稳健是分不开的。一次，NBA有个重要的球友会，许多球员都到了，却还不见姚明的身影。大家焦虑万分，只有他的队友不急，在那里安心地做着准备活动。一位负责人忍不住问他的队友：“难道你们不急吗？缺少了他，你们不容易赢的。”队友笑了笑说，他不会迟到的。果然，开场前15分钟的时候，姚明出现了，他从远处投过来一球，篮球在所有人的眼中划过一道美丽的弧线，稳稳地落在了篮筐里。大家由衷地感叹说：“他的风格一向是守时，就像他的投篮一样丝毫不差。”

思考：姚明以什么样的形象获得了队友的认同和信任？

可见，守时是一种素质。而遵守时间是有助于打动别人的一个最简单的方法。作为一个新时代的中职生，守时是一个重要的好习惯。如果你不能做到这一点，就会失去在同学和朋友之中的信誉，同时也有违职业道德的基本要求。

三、做一个守时的人

如果一个人跟你约好见面的时间，到时却不见踪影，你会怎么想？我想你一定会觉得自己有一种被耍的感觉。虽然现代的通信工具给我们的工作和生活带来便捷，但有些人依然不能做到守时、准时。

美国首任总统华盛顿，享誉盛名。他的许多部下都领教过他守时作风的威严。凡他约定的事情，必定会按时做到，一秒都不差。有一次，他的一位秘书迟到了两分钟，看到华盛顿满脸怒容的样子，赶紧解释是因为手表不准。华盛顿正色说：“或许是你换一只手表，或许是我换一个秘书。”华盛顿对时间的重视，使得这位秘书从此不再出现迟到一分一秒的现象。

思考：这个案例给我们什么启示？

守时就是遵守承诺，按时到达要去的地方，没有例外，没有借口，任何时候都得做到。即便你因为特殊原因不得不失约，也应该提前打电话通知对方，向对方表示你的歉意。这不是一件小事，它代表了你的素质和做人的态度。如果你对别人的时间不表示尊重，你也不能期望别人会尊重你的时间。

对于那些不守时的人来说，他浪费的不仅仅是自己的时间，也在无形中浪费了别人的时间，别人的生命。人生匆匆，每一分钟、每一秒钟都是极其宝贵的。能够守时的人，就是一个惜时如命的人，也必定是一个成功的人。

卡耐基曾经说过，如果你想结交朋友和有影响力的人，就必须守时。没有人会喜欢和一个总是迟到的人交朋友。也许迟到一次两次可以得到大家的谅解，但若经常迟到，就会遭到别人的嫌弃和厌恶，这样的人在大家心目中的形象也会越来越差。因为自己的行为毁掉了他人的认可，实际上就是对自己的不尊重。

李毅刚步入职场时，就有前辈教诲他“一定要守时”。因此，他每日上班前都会听广播，对准时间。8月的一天，他和一名客户约好次日上午9时谈合作事宜。不料，次日下大雨，途中交通堵塞，等李毅见到对方客户代表时，他的手表显示刚好9时。接下来，李毅凭着出色的谈判技巧和诚恳的态度，最终拿下了合作项目。临走时，客户方经理语重心长地对他说：“小伙子很能干，你迟到3分钟我就不计较了。不过，以后可千万记得要守时啊。”李毅这才发现，该公司墙上一面大钟显示的时间比自己的手表显示的时间快了3分钟。

思考：如果你是李毅，这时候你会怎么做？

有了这次教训后，李毅将他所有显示时间的工具都调快了5分钟。他说："我的工作性质决定了只能是我等客户，而不是客户等我。快5分钟不仅能避免'意外迟到'事件的再次发生，更重要的是，可以避免因时间问题让公司和我个人遭遇信用危机。"

所以，假如你和客户约好了时间却未准时到达，那老板对你的印象肯定一落千丈。常常迟到、早退，或是事先毫无告知便突然请假，既会让事情变得杂乱无章，又会妨碍全体成员的工作进度。这样的人无法为他人所信赖，更无法让老板信任。

每个人都希望别人讲信用、守时间，那我们自己又该如何养成守时的好习惯呢？

技能训练：

守时习惯训练法

下面介绍几种养成守时习惯的方法，让你可以通过努力养成守时的好习惯。

· 承认自己有不守时的毛病。如果你不承认，就不可能改掉。

· 该起床时就起床。不要使用闹钟的小睡功能，不要赖床，不要醒来第一件事就是看电视。不按时起床会让你一整天都笼罩在不守时的阴影中。

· 养成办任何事都提前15分钟的习惯。

· 带本随时可以读的书。如果来早了就拿出来读读。

· 重新检查一下你的日常活动到底要花多少时间。不要老觉得你15分钟就能洗完澡。

· 注意一下自己最容易在什么事情上浪费时间。是上网还是看电视。

· 记录一下在什么场合需要关注时间。比如给自己定一个早晨时间表。

· 有条理。生活没条理最容易耽误时间。

· 提前计划：将重要的和不重要的事情岔开；今天就准备好明天要穿的衣服。

· 如果要去不熟悉的地方，事先准备好地图。

· 按时睡觉，这会让按时起床更容易。

也许守时的习惯不是短期内能够养成的，但是没有开始就永远不会获得成功，让我们从现在开始，成为一个守时的人。

守时格言：

· 盛年不再来，一日难再晨，及时当勉励，岁月不待人。——陶渊明

· 时间就像海绵里的水一样，只要你愿挤，总还是有的。——鲁迅

· 时间就是性命，无端的空耗别人的时间，其实是无异于谋财害命的。——鲁迅

· 时间就是生命，时间就是速度，时间就是力量。——郭沫若

· 合理安排时间，就等于节约时间。——培根

· 你热爱生命吗？那么别浪费时间，因为时间是组成生命的材料。——富兰克林

· 世界上最快而又最慢，最长而又最短，最平凡而又最珍贵，最易被忽视而又最令人后悔的就是时间。——高尔基

我思我悟：

●本章回顾

1. 培养学生诚实待人，以真诚的言行对待他人、关心他人、对他人富有同情心、乐于助人。严格要求自己，言行一致，不说谎话，作业和考试求真实，不抄袭，不作弊。

2. 培养学生守时、守信、有责任心，承诺的事情一定要做到，言必信，行必果，遇到失误，勇于承担应有的责任，知错就改。

第三章 礼之养成

第一节 学礼知礼 修身立德

中国具有几千年的文明史，自古就是礼仪之邦。古往今来，有关“礼”的记录和要求数不胜数。左丘明说：“礼，天之经也，地之义也，民之行也。”《荀子》曰“人无礼则不生，事无礼则不成，国无礼则不宁”。《礼记》上说：“人有礼则安，无礼则危。”如今，我国经济发展迅猛，正处在腾飞阶段，这就更需要我们的思想道德跟上发展势头，提高到一个新层次，以促进社会发展。

一、学礼知礼是修身立德处世的根本

礼仪是在人际交往中以一定的、约定俗成的程序方式来表现的律己敬人的过程，涉及穿着、交往、沟通、情商等内容。礼仪就是以最恰当的方式来表达对他人的尊重。对一个人来说，礼仪是一个人的思想道德水平、文化修养、交际能力的外在表现，对一个社会来说，礼仪是一个国家社会文明程序、道德风尚和生活习惯的反映。

众所周知，孔子是中国历史上第一位将“礼”摆在一个极其重要地位的思想家。他认为：“不知礼，无以立也。”就是说，人不知道礼，就无法立足。比如说，礼貌待人，诚实做人，礼贤他人，这是知礼之后对于人际交往的好处；骨肉情深，父慈子孝，家庭和睦，这是知礼之后对于家庭的好处；乐于奉献，齐心协力，众志成城，这是知礼之后对于国家的好处。所以，“学礼知礼”是一个人修身立德处世的根本。

《孝经》中有一个经典的故事——“曾子避席”。曾子是孔子的弟子，有一次他在孔子身边侍坐，孔子就问他：“以前的圣贤之王有至高无上的德行，精要奥妙的理论，用来教导天下之人，人们就能和睦

相处，君王和臣下之间也没有不满，你知道它们是什么吗？”曾子听了，明白老师孔子是要指点他最深刻的道理，于是立刻从坐着的席子上站起来，走到席子外面，恭恭敬敬地说道：“我不够聪明，哪里能知道，还请老师把这些道理教给我。”

思考：曾子怎样表达地老师的礼貌？我们在生活中应该如何做到懂礼、知礼呢？

二、文明礼貌观

随着经济的发展、社会的进步，文明礼貌成为道德规范的一个重要因素，也是一个人的文化素养的表现。在生活中知礼仪、懂礼貌是学生成长的需要，更是必备的修养。在学校中，我们每天的学习、生活都离不开与他人的交往与沟通，只有懂得了基本的文明礼仪，并对照自己的行为，从中找出不足，努力改进，才能让我们更好地与别人交往。

知礼，在中国是一个有着悠久历史的话题。华夏五千年，它始终被我们摆在重要的位置上。古人早有语曰：仓廪实而知礼节。彬彬有礼，儒雅恭谦，从来就被认为是一个人高素质的举止。

而学礼知礼，要从小开始。从小，大人们就教导孩子见到长辈时要叫“爷爷”“奶奶”“叔叔”“阿姨”，这便是学礼的开始。

一个人的品德如何，一般都表现在他为人处世的方法上，而且也会对他的人生产生重大的影响。那些谦虚有礼、德行高尚之人，除了受人尊敬之外，在遇到困难时也常常能够顺利过关。

任何一个文明的国家都讲礼仪。林肯担任美国总统时，正值南北战争。他手下一名将军刚愎自用，吃了败仗。林肯怒火中烧，想写一封信狠狠批评这位将军。但笔落到纸上，最厉害的词句不过是：“如果我是你，我会……”这封信被著名演说家卡耐基奉为经典，因为它有爱而宽容。无论中国人，还是外国人，都将礼貌、礼仪视为一个人文明的尺度。

思考：林肯表达词语的方式有哪些是值得我们学习的？

一位很有名的剧院经理来拜访大仲马。一见面，他连帽子也没脱下，就冒火地问大仲马为什么把最新的剧本卖给一家小剧院的经理。大仲马承认有这么回事。这位经理于是出了一个远远高于他对手的价格，想把剧本买回来。大仲马笑了笑，说："其实你的那位同行用一个很简单的方法，就以很低的价格把剧本买走了。""那是怎么回事?""因为他以与我交往为荣，并且一见面就脱下帽子。"

思考：为什么那位小剧院的经理可以用一个很简单的方法，以很低的价格把剧本买走呢?

三、细节决定成败

随着现代社会人际交往的日渐频繁，人们对个人的礼仪倍加关注。从表面看，个人礼仪仅仅涉及个人穿着打扮、举手投足之类的细节小事，但小节之处显精神，举止言谈见文化。个人礼仪，作为一种社会文化，不仅事及个人，而且事关全局。

小李是某中职学校一名刚毕业的学生，准备参加招聘面试。他买了件新衬衫，在面试当天才拆开穿上。他并不在乎衬衫上有褶痕，因穿上西服就能挡住了。没料到面试过程中主试者却让他把西服脱了好随意交谈。他当时就傻眼了，满脑子想的都是衬衣上的褶痕。

思考：为什么都是新衬衫惹的"祸"?

结果可想而知，由于表现欠佳，未被录取。可见生活当中的一些细小的方面，有时却成为影响结果的最重要的原因。

在生活当中也同样是如此，我们常常可以看到这些现象：穿着家居服逛街，靓妹帅哥口吐脏话，用手指指人、用脚指物，不守时……这些不知礼的行为给个人形象带来极大的损害。

也许有人认为，这只不过是一些小节、细节，没什么关系，但无数的事实证明，往往就是这些细节决定了事情、事业的成败。在生活中，人们也通常以一个人的言行举止来初步判定他的修养，并由此来决定是否进一步交往。

要成为彬彬有礼之人，就要重视内在和外在的修养，注重礼节、礼仪，学礼知礼，以礼待人。只有内外兼修，才能使自己成为一个气质脱俗、风度翩翩之人，成为一个讲文明而受人欢迎之人。

第二节　守礼明礼　处世立身

儒家的“礼”的学说对中国古代社会产生了巨大影响，在当今社会仍有一定的现实意义。从个人的道德修养方面来看，孔子说“不知礼，无以立也”，认为礼是一个人安身立命的基础，对一个人的道德修养的修炼起着不可忽视的作用。

一、礼仪是一张人际交往的名片

从社会交往来说，礼仪是一个人的立身处世之本，也是人际关系和谐发展的调节器，是联络人们感情的纽带、沟通人际关系的桥梁。人们在交往时按礼仪规范去做，有助于加强人们之间互相尊重，建立友好合作的关系，缓和和避免不必要的矛盾和冲突。一般来说，人们受到尊重、礼遇、赞同和帮助就会产生吸引心理，形成友谊关系，反之会产生敌对、抵触、反感甚至憎恶的心理。每个人都要置身于社会之中，都少不了与他人交往，礼仪不仅可以展示一个人的风度和魅力、还体现了一个人的文化素质和品格修养。

礼仪可以帮助我们规范言谈举止，塑造良好的形象，遵守社会公德，赢得别人的尊重，更好地表现个人价值。可以说：知礼懂礼，是我们立足社会的前提之一，是我们获得温馨而美好生活的重要条件。

礼仪具有很强的凝聚情感的作用。礼仪的重要功能是对人际关系的调解。在现代生活中，人们的相互关系错综复杂，在平静中会突然发生冲突，甚至出现极端行为。礼仪有利于促使冲突各方保持冷静，缓解已经激化的矛盾。如果人们都能够自觉主动地遵守礼仪规范，按照礼仪规范约束自己，就容易使感情得以沟通，建立起相互尊重、彼此信任、友好合作的关系，进而有利于各种事业的发展。

人际交往，言谈之礼十分重要，它能反映出一个人的道德水准和文化修养。这方面的例子是很多的。

相传中国古时有个阔秀才，整日无所用心，一味游手好闲。有一天，他骑马外出迷了路，正在发愁的时候，抬头看见前面有一个老翁。于是，他催马上前问道：“老头子，此路通向何处？”那位老人一愣，抬头看了看秀才，见他衣冠楚楚，仪表堂堂，便回答："对不起，我没有时间告诉你，因为我亲家的马下了个牛崽，我要赶紧去看看。"阔秀才觉得莫名其妙，又问道："老头子，你说马怎么会下牛崽，为什么不下马呢？"老人回答得更妙了，他说："因为这马不会说话，又无教养，所以不下马。"说完，便头也不回地走了。

这时，阔秀才才恍然大悟，知道老人讲的"不会说话""又无教养""不下马"原来是在责骂自己，顿时羞得满脸通红。

思考：为什么秀才问路不成反遭羞辱？

二、做一个谦逊有礼的人

谦逊有礼，同样是现代人立身处世、构建良好人际关系的一种美德。一个谦逊有礼之人，会赢得别人的尊重，成为受欢迎之人，在办事的时候也往往能事半功倍。

孔子说："君子泰然自若而不傲慢无礼，小人傲慢无礼而不泰然自若。"战国时期晏子的马夫的故事也许会给我们一些启示：

晏子是春秋后期一位重要的政治家、思想家、外交家，齐国上大夫。晏子在担任齐国相国时，可以说是一人之下万人之上，其权力与地位，在齐国无人能比。但是，这样一个位高权重的人，却一直保持着谦逊、低调的作风，没有一丝的架子，也没有一毫的飞扬跋扈。无论是对手下的官员，还是对普通的老百姓，晏子都显得和蔼可亲，彬彬有礼。有一次晏子乘车外出，马车正好从车夫的家门前经过，车夫的妻子从门缝里偷偷地往外看，只见自己的丈夫替相国驾车，坐在车上的大伞盖下，挥鞭赶着高头大马，神气活现，十分得意。

车夫回到家里，妻子很不高兴。车夫忙问发生了什么事情。妻子说："晏子身为齐国相国，在诸侯各国中很有名望，可我看他坐在车上，仪容是那样端庄深沉，态度是那样谦逊。而你呢，只不过是给相国赶赶车罢了，却趾高气扬，表现出一副很了不起的样子。像你这样的人还会有什么出息呢？"

车夫仔细琢磨妻子的这番话，既受教育又感惭愧，便向妻子认错，决心痛改前非。从那以后，他总是谦虚谨慎，不矜不伐，屈己待人。

车夫的这一变化，使晏子感到奇怪，问车夫原因，车夫把妻子的话如实地告诉了晏子。晏子认为车夫的妻子很有见解，也对车夫勇于改过的态度感到满意。晏子认为车夫知错能改，有自知之明，且胸怀大志，便推荐他做了大夫。

思考：为什么车夫在听完妻子对晏子的一番评价后会有很大的改变呢？

三、树文明礼仪，建和谐校园

时代在进步，社会在发展，优秀的民族文化必须光大，传统的中华美德不能丢弃。弘扬优秀传统，争当文明礼仪先锋，是每个青年应当具有的道德品质。在校园当中，我们要遵守一些作为学生的基本礼仪，这也是为我们为人处世、立足社会打好基础。

（一）尊师的礼仪

荀子说，国将兴，必贵师而重傅。中国自古讲究尊师重道，老师教我们做人，教我们立身的本领，尊师是中国传统美德。

古人云：

1. 疾学在于尊师。《吕氏春秋·劝学》
2. 一日之师，终身为父。〔元〕关汉卿
3. 为学莫重于尊师。谭嗣同
4. 善之本在教，教之本在师。〔宋〕李觏
5. 事师之犹事父也。《吕氏春秋·劝学》
6. 尊师则不论其贵贱贫富矣。《吕氏春秋·劝学》
7. 明师之恩，诚为过于天地，重于父母多矣。〔晋〕葛洪
8. 师道既尊，学风自善。康有为

尊重教师是每一个学生的起码礼貌。言谈举止要尊师，更要尊重老师的劳动，上课认真听讲就是对老师的尊重。上下课时要按口令迅速起立，向老师致礼；因事迟到或早退，要向老师说明原因；路上或不同场

合见到老师要点头示意问好，或微笑行注目礼；进老师办公室要轻轻扣门或喊："报告"。

（二）仪表礼仪

《弟子规》对人的仪表的要求是："冠必正，纽必结，袜与履，俱紧切。"

古代思想家曾经拿禽兽的皮毛与人的仪表相比较，认为禽兽没有了皮毛，就不成为禽兽；人失去仪礼，也就不成为人了。仪表是一张无字却无比重要的名片，是人与人交往的基础。仪表反映了一个人文化素质之高低，审美情趣之雅俗。

作为学生仪表应该自然得体，端庄大方，着装应朴素大方，按要求穿规定的大小合适的校服，不穿奇装异服，不披衣散扣，不花里胡哨；不穿背心、拖鞋在校园行走，进入课堂不敞衣、脱鞋；女生发式以简洁易冲洗梳理为宜，不烫发、染发，男生的发型以富有朝气的短发为主，不留长发、不染发；不留长指甲；女生不化妆、不涂指甲油，不佩戴项链、耳环（针）、戒指、手链、手镯等饰物。

> 孙中山先生是中国资产阶级革命的先行者，又是文明礼貌的楷模。他认为：随地吐痰、留长指甲等陋习，都是违反文明礼貌的行为，是与我们中华民族的文明传统不相称的。他提倡诚中形外，注意一举一动之微的文明。

（三）对同学的礼仪

己所不欲，勿施于人，对人处事胸怀要宽，度量要广。同学之间讲究礼貌，可以直呼其名，但不能用"喂""哎"等不礼貌用语称呼。借用同学学习和生活用品，应先征得同学同意后再拿，用后应及时归还，并要致谢。对人真诚，谦虚谨慎，友善热情，同学之间应相互尊重，相互学习，取长补短。

生活中最重要的就是文明素养和礼仪，这是人的第一张"身份证"，决定个人的文明程度和修养。

（四）言谈举止礼仪

言谈：多用表示尊敬和礼貌的敬语。我国提倡的礼貌用语十个字是：您好、请、谢谢、对不起、再见。

举止：孔子说，君子不重则不威，学则不固。意思是只有庄重才有威严。否则，即使学习了，也不能巩固。在公众场合举止不可轻浮，不可亵慢，应该庄重、谨慎而又从容，做到非礼勿视，非礼勿听，非礼勿言，非礼勿动，处处合乎礼仪规范。

有一次，美国总统林肯和儿子罗伯特驱车上街，遇到一列军队。林肯随口问一位路人：这是什么？林肯原想问是哪个州的兵团，但没有说清楚。那人以为他不认识军队，便粗鲁地回答：这是联邦军队，你真是个大笨蛋。面对一个普通路人对自己的斥责，林肯只说了声“谢谢”，毫无怒容。

思考：为什么林肯遇到不礼貌的行为，会淡然处之？

（五）集会礼仪

升国旗仪式：国旗是一个国家的象征。升旗前，全体学生应整齐列队，面向国旗，肃立致敬。升国旗、奏国歌时，要立正，脱帽，行注目礼，直至升旗完毕。升旗是一种严肃、庄重的活动，一定要保持安静，神态要庄严，切忌自由活动、嘻嘻哈哈或东张西望。

（六）在校公共场所所应注意的礼仪

应该自觉保持校园整洁，不乱扔纸屑、果皮，不随地吐痰，不乱倒垃圾。不在黑板、墙壁和课桌椅上乱涂、乱画、乱抹、乱刻，爱护学校公共财物、花草树木，节约用水用电。自觉将自行车存放在指定的车棚或地点，不乱停乱放。在食堂用餐买饭菜要排队礼让，要爱惜粮食，不乱倒剩饭剩菜。

校园是文明圣地，是最讲礼仪的场所，学生应表现出应有的可贵品质。

文明礼仪是我们学习、生活的根基，是我们健康成长的臂膀。“千学万学学做真人”，说的就是应先学做人，学做文明人，学做社会人。文明校园，从我做起，从每一件小事做起，让文明礼仪之花处处开放。

某厂的小王经常上夜班，下了夜班上楼的脚步特别重，楼下的老先生要等他“噔噔噔噔”上楼，听到“噔……噔”皮鞋落地的两声响过之后，才能安心入睡。有一天，老先生恰好在楼下遇见小王，就给他提了个建议，希望他上楼声小点。小王满口答应，但很快又忘得一干二净，下班后“又噔噔噔噔”上楼，进门之后，脱了一只鞋往地上一摔，突然想起老先生的建议，于是把第二只鞋轻轻地放在了地上。第二天，他问老人：

“昨晚睡得好点吗？”

“我昨天一夜都没睡！”

“怎么了？”

“我在等你脱第二只鞋呢！心一直悬着！”

思考：小王的做法哪里不对？应该怎么做才更妥当？

我思我悟：

●本章回顾

1. 学礼知礼是修身立德处世的根本。注重文明礼貌，谦逊有礼，以礼行事，是我们立足社会、成就事业、获得美好人生的基础。它不但反映了一个国家的进步和文明，也反映了个人与国家的素质与形象。

2. 礼仪是一张人际交往的名片。作为学生，除了学习科学知识，还应了解基本的礼仪常识，使自己有良好的礼仪行为。

3. 在校园当中，应当遵守作为学生的基本礼仪。

第四章　纪之养成

第一节　正己知纪　自觉自律

常言道，“没有规矩，不成方圆”，生活离不开规则。当人们遵守规则时，一切井然有序，一旦失去规则，社会将混乱不堪，而规则的遵守必须由纪律来保障。

大文豪莎士比亚说：“纪律是达到一切雄图的阶梯。”纪律对一个集体一个组织，甚至于一个社会一个国家来说，都是非常重要的。一所学校如果有严格的纪律，就能产生良好的校风，为师生创造出良好的学习环境；一个企业如果有严明的纪律，严格的管理，就能健康快速发展；一支军队如果有铁的纪律，军纪严明，就一定具有极强的战斗力，就能战无不胜、所向披靡。

第二次世界大战后，在世界500强企业里面，西点军校培养出来的董事长有一千多名，副董事长有两千多名，总经理、董事一级的有五千多名。任何商学院都没有培养出这么多优秀的经营管理者。

纵观金融界，事业上非常成功的企业家有相当部分不是出自商学院，而是出自军队。在我国，排名500强的企业中有军人背景的总裁、副总裁就有200多人，其中有华为总裁任正非、万科董事长王石、海尔首席执行官张瑞敏等。军队铁的纪律铸就的领导魅力，是他们能打造出辉煌企业的重要因素。

清末，日本海军军官东乡平八郎到中国巡洋舰“镇远”号参观，有两件小事使他看穿了清廷海军的底细：一是他看到水兵把洗过的衣服晒在大炮的炮管上；二是他下船后发现触摸过枪杆、扶手的白手套脏了。于是东乡向日本当局报告：“清朝海军虽然吨位多，但不堪一击！”果然，在1894年发生的甲午海战中，总吨位远比清朝落后的日本海军，一举击溃了堂堂的北洋舰队，次年清政府签订了丧权辱国的《马关条约》。

思考：这件事对你有什么触动？

纪律，是在一定社会条件下形成的、一种集体成员必须遵守的规章、条例的总和，是要求人们在集体生活中遵守秩序、执行命令和履行职责的一种行为规则。纪律具有强制性的特点，它是法律和道德的补充，要求全社会所有成员都要各自遵守自己应该遵守的纪律。

一般来说，纪律有三种基本涵义：1. 纪律是指惩罚；2. 纪律是指通过施加外来约束达到纠正行为目的的手段；3. 纪律是指对自身行为起作用的内在约束力。这三层意思概括了纪律的基本内涵，同时也反映出良好纪律的形成过程是一个由外在的强迫纪律逐步过渡到内在自律的过程。

有一年夏天，周恩来总理要向北戴河区文化馆的图书室借世界地图和一些书籍。按图书室的规则，这些书不外借。他就冒着大雨亲自到图书室查阅，衣裤都淋湿了。图书管理员见此情形，十分后悔，觉得应该将书给总理送去。总理安慰她说：“你们图书馆管理得很好，应该有规章制度，没有制度就不好管理，无论什么人都要遵守规章制度。”

思考：为什么人人必须遵守纪律？

一、校园之纪

校园纪律是为了维持学校正常的教学工作和生活秩序而制订的一种行为规则。

中等职业学校是中职生通往社会的桥梁，是培养专业技术人员的重要基地，是中职生学习、生活的重要场所。为维护校园的正常秩序，创造整洁、安静优美、安全的学习、生活环境，造就社会的有用之才，学生要做到严格遵守学校规章制度，讲究文明礼貌，爱护公共财物，注意公共卫生，在校园里学会学习、学会做事、学会做人。

> 某中职学校在学生毕业前组织技能大比武，请了许多企业的领导来观看。有个参加电缆接续的学生在比赛后被一家知名企业的副总经理选中，邀请这位学生到他的企业工作。让大家诧异的是，这位学生并不是这项比赛的第一名。经过询问，大家才明白，原来这位学生在比赛中严格按照工作中的规章制度和操作流程，有条不紊地完成了任务。企业的副总评价说："我看中的是这位学生遵守操作规程的良好习惯，至于动作的快慢，这在工作中可以训练。有了良好的操作习惯，工作效率和安全都不成问题。"

思考： 遵守纪律对同学们行为习惯的养成有哪些帮助？

学校纪律贯穿于学生学习、生活的整个过程，包括教学区域纪律、生活区域纪律、食堂就餐纪律、卫生值日纪律、文艺活动纪律、体育活动纪律、课堂实训纪律等，同学们应认真严格遵守。

> 某职业中专学生杨某在洗漱间违规使用大功率电器"热得快"，离开时忘记拔掉插头，导致暖水瓶爆炸，引发火险，幸被及时扑灭，未造成重大财产损失。

思考： 同学们身边有没类似的情况发生？我们应该怎么做？

校园纪律也是学生的行为准则，可以说是学生在校的道德规范，它涉及学习、生活的各个方面，对学生的行为起着导向调节作用。一滴水能折射出太阳的七彩斑斓，一个人的举手投足可以显示他品格素养的高下低劣，中职生在学校就要养成遵守纪律的良好习惯，为开始人生道路打下坚实的基础。

二、企业之纪

企业的纪律是企业为了维护集体利益并保证工作的正常进行而制定的要求每个成员遵守的规章、条文等。

企业纪律一般有劳动纪律、职业纪律和组织纪律，不同的纪律有不同的规范对象和规范作用。劳动纪律用以维持正常的劳动秩序，规范员工不迟到、不早退、不旷工、中途不溜岗、有事先请假的纪律行为；职业纪律是使职业活动中的规章制度得以实施，确保职业活动中的服务质量、产品质量和人身财产安全；组织纪律用以保证正常的组织活动得到开展、组织决议得到贯彻执行。

海尔的观摩片里，一个细小的镜头带给人们很大的触动：一位主管离开座位时仔细地将椅子归好位，记者问他："每次都要这样吗？会不会觉得麻烦？"他解释说："在海尔有很多这样的规定，刚开始大家很不习惯，我还被罚了款。后来，习惯成自然，也不觉得麻烦了。"海尔集团对纪律的规定能细节化到如此地步，又能使员工很好地执行到位，所以海尔从一个亏空147万元的集体小厂迅速成长为中国家电第一名牌也就不足为奇了。

思考：纪律的力量强大吗？下课时你能做到将椅子归好位吗？

企业纪律讲求服从，服从是保证企业执行力的先决条件，员工服从领导、部门服从公司、公司服从集团。服从是每一个员工的基本素质，也是对每一个员工的基本要求。

据报载，2011年12月21日，由于金山毒霸的一名员工上传CSDN用户数据库与他人分享，导致该网站多达600万用户的登录名、密码及邮箱遭到泄漏，这次安全事故被媒体称为"金山泄密门"事件。这样的安全事故，严重侵害了互联网用户的合法权益，危害了互联网安全，影响特别恶劣。

思考：这件事对你有何震撼？

企业纪律管理的目的，就是维持良好的生产经营秩序、保证企业执行力、提高工作效率和保障安全生产，优质高效地实现企业生产经营活动。在企业里如果一名员工没有严格遵守纪律、服从命令的意识，就算能力再强，有再多的创造力，也不会给企业带来什么效益，甚至会给企业带来危害。

所以企业要求员工要遵守各项规章制度，而作为企业的员工则要把遵守企业的制度放在首位，无论做什么事情，都要记住自己的责任，无论在什么岗位，都要对工作负责，把自己与企业合为一体，这样才能共同发展，共同进步。

三、社会之纪

纪律面前，人人平等。无论何行何业，都将纪律、规章制度放在首要位置，一个社会也是如此。

社会纪律是社会活动中每个成员必须遵守的纪律，它的意义在于保障社会活动的正常进行。只有遵守社会纪律，才能在不妨碍他人正常活动的情况下，为自己从事公共活动创造良好的条件。遵守社会纪律要求人们讲文明讲礼貌，尊老爱幼，互相礼让，是对整个社会文明素质的要求。

据媒体一篇名为“福州鼓楼严查交通乱象 20 分钟查 13 辆插队车大多是的士”的报道谈到：

某日，福州鼓楼交巡警大队民警在鼓楼区西二环中路与乌山西路交叉口查纠。17 点 5 分到 17 点 25 分，短短的 20 分钟时间里，就有 13 部车辆跨压实线变道插队。插队的车辆大多是的士，当中甚至还有体积庞大的公交车，使本来拥挤的道路越来越堵。随意变更车道加塞，不但严重影响了路口通行速度，进而引发交通拥堵。更主要是容易引发事故，导致交通瘫痪。

思考：请分析一下，是什么原因造成了这种社会乱象？

由此可见，公民没有纪律意识，社会没有纪律的保证，人人都无视纪律的存在，社会将处于瘫痪状态。德国哲学家黑格尔说过这样一句话：“秩序是自由的第一条件。”社会是个大家庭，只有在有纪律的环境中，群体活动才会有秩序，才会更加高效，也才会更自由。

一群大学生在德国某个城市街头做了个试验。他们把“男”“女”两个字分别贴在马路边两个并排电话亭的门上。结果发现，来打电话的男士都走进了“男”电话亭，女士则都进了“女”电话亭。一会儿，“男”电话亭爆满，先生们宁可在门外排队，也不去光顾正空着的“女”电话亭。

德国人信奉的是：“既然有规定，就必须遵守，否则规定还有什么意义。”

思考：你们在德国人身上学到了什么？

国民素质的高低，决定国家文明的进程，社会越文明，国家发展越快，人民越幸福。

第二节　遵规守纪　从我做起

国有国法，家有家规，校有校纪。说到纪律，许多人认为是与自由相对立的，从表面上看，二者好像如此，其实不然。自由和纪律，有着辩证统一的关系。在社会和组织中，不受约束和限制的绝对自由是不存在的，自由的获得往往需要纪律来保障。遵守纪律，才能使人们获得真正的自由；不遵守纪律，人们就会失去真正的自由。挣断线的风筝不仅不会得到自由，反而会一头栽向大地。

各种纪律的形成，不仅需要强制性的规则，更需要人们的自制与自律，自觉的纪律才是铁的纪律。

有一次，列宁去克里姆林宫理发室理发。当时，这个理发室只有两个理发师，忙不过来，很多人都坐着排队等候。列宁进去后，大家连忙让座，并且请列宁先理，可是列宁却微笑着对大家说："谢谢同志们的好意。不过这样做是要不得的，每个人都应该遵守公共秩序，按照先后次序理发。"他说完后，就随手搬了一把椅子，坐在最后一个位置上。

思考：我们怎样才能做到跟列宁一样自觉自律呢？

纪律属于道德的范畴。一个人的纪律性如何，能够直接反映出他的自身素养和道德信念。唯有思想道德高尚，对纪律的重要性有深刻的理解，且具有执行纪律、维护纪律的高度自觉性、坚韧性和坚强的意志品质，才能经得住纪律的考验。

在辽沈战役中，中国人民解放军打下沈阳后，某部8连占领了火车站，截获了轨道上停着的一辆满载军用物资的列车。连队还要执行其他任务，便留下战士张庆山看守。由于只有一个人留守，张庆山不便离开岗位，饮食就成了问题。无意中他发现，列车上有许多军用饼干。饥寒交迫之中，张庆山本能地拿起一包，可突然想到战役打响前连队进行过纪律教育，要求不准随便动用缴获物资，于是便将饼干放回了原处。就这样，张庆山在车站守护了整整三天，渴了就吃一把雪，始终没有动用列车上的任何东西。三天后，部队派人到火车站查收战利品，交接完毕，张庆山当场就昏了过去。这件事虽小，却是人民解放军自觉遵守纪律的缩影。一位普通的士兵遵守纪律自觉到这种程度，部队建立铁的纪律还能有什么问题？

思考：同学们能成为这样的人吗？

遵守纪律，就需要加强自己的道德修养和文化修养，从思想上认识到遵守纪律的重要性，增强自己对社会的责任感。在独处和无人监督时，仍能自觉自律，养成遵守纪律的习惯，使遵守纪律成为我们自觉的行为，并升华为一种文明素养。

一、遵守学校纪律，做文明学校人

著名学者梁启超曾经说过：“少年强则国强，少年富则国富。”青少年是祖国的花朵、是国家未来的栋梁，而遵守纪律是青年学生应有的思想品德，是青年学生成才的保证。青年学生应遵守校园纪律，认真学习掌握这些道德规范，把它内化为自己的道德需求，转化为自己的自觉行动，成为一个文明的自觉自律的人。

良好的习惯养成于严格的纪律，只有用纪律来约束自己，才能成为一个文明的人。

明朝的徐普在求学期间，为了不断检点自己的言行，在书桌上放了两个瓶子，当自己做了一件坏事或说了一句坏话后，就在一个瓶子里放一粒黑豆，做了好事就在另一个瓶子里放一粒黄豆。开始时，黑豆颇多，黄豆寥寥。他不断反省，过了一段时间，黑豆黄豆各占一半。他再接再厉，律己更严，瓶中黄豆半满，黑豆屈指可数。徐普就是凭着这种持久的自我约束，不断修炼自我，终成一代名臣。

思考：你会使用怎样的方法，自我约束成为一个遵守纪律的好学生？

让我们从现在做起，从自身做起，遵守纪律，自觉养成良好的习惯。

让垃圾入箱，让课椅干净，让宿舍整洁，让课堂有序，让学习自律；说文明话，做文明事，当文明人。真正做一个文明守纪、文明自律的好学生。

二、遵守企业纪律，做文明职业人

纪律是事业成功的保证，管理得好的企业，内部一定有条不紊，井然有序。如果一个企业有令不行，有禁不止，再好的发展战略也不可能得到有效执行。所以企业要建立铁一般的纪律，通过强制性的规定来约束每位员工。而作为企业的员工应认同企业的规章制度，并努力遵守。开始纪律只是形式，时间一长习惯成自然，员工应逐渐把企业的目标变成个人的目标，把原本强调的行为变成一种自然行为，变成自觉的纪律习惯。

有一个建筑公司的项目经理，职业责任感很强。在建筑质量上他容不得一点点瑕疵，如果发现有质量问题，他敢冒亏损的风险推倒重来。然而，他从农村刚出来的时候，什么也不懂，什么技术啊，修养啊，责任啊，全都迷迷糊糊。但是，他遇到了一个好师傅，对他要求特别严。干活之前，必须看清看懂图纸，必须按技术要求来干。他学的是瓦工，砌墙的时候稍微有一点问题，他师傅都会把墙铲掉让他重来。有一次，他上工忘了戴安全帽，他师父坚决不让他上脚手架，并罚他三天不许上班，没有工资。他就是在这种职业纪律的约束下，慢慢地养成了职业习惯和职业责任感。如果当年他师傅不用职业纪律去规范他，他就不可能有今天。

思考：习惯成自然，自觉自律的习惯可以养成，你认为呢？

在现实生活中，有相当一部分人并不是在自觉地工作，而是为维持生计才从事某项工作，职业责任感不强，纪律观念淡薄，这不仅会给企业带来危害，甚至会对自己的生命造成伤害。

在工厂里，金属切削工人在工作中是不允许戴手套的，这在安全条例中有明文规定。某厂的一个青年车工不遵守规定，戴着棉纱手套干活，结果在勾铁屑时右手被卷到飞旋的车床卡盘上，手臂断了三节，造成终生残废。工厂里的起重工在工作中必须戴布手套，这也是有明文规定的。某厂一个起重工可能是怕麻烦，不戴手套就进行挂钩，结果让钢缆上的毛刺扎得满手鲜血淋漓。一个是该戴的不戴，一个是不该戴的戴了，结果都造成了工伤事故。很明显，他们违反了安全条例。

对企业员工而言，敬业、守纪永远比任何东西都重要。一个具有强烈纪律观念的员工，也必定是个积极主动忠诚敬业的员工。

作为一名员工，应在学习中、工作中严格要求自己，不断地提高自己的思想觉悟和道德修养，逐步养成自觉守纪律的意识，做一名文明的职业人。

三、遵守社会纪律，做文明社会人

社会是由个人、组织、军队等组成的大家庭，社会的成员都要遵守社会的纪律，社会才能文明，才能发展。就像乐队一样，一人一把号，各吹各的调，肯定是行不通的，只有按指挥者的手势，各尽其力，才能演奏出动听的音乐。

闻名世界的球王马拉多纳一次后场得球，其对手对他又踢又拽、又拉又扯。球王经过奋力拼搏，终于将球踢进了球门。赛后记者问他，这么多人对你下手，你不生气吗？球王说，没有这么多人干扰，我能成为明星球员吗？记者又问，你难道不想报复他们吗？球王肯定地回答说：怎么不想。但我深知球场纪律的重要性，我最好的报复就是把球送进他们的球门里。

思考：怎么做个遵守纪律的文明人？

一个无组织、无纪律的人，不论办什么事情，不论走到哪里，都会碰壁。而一个懂得遵守纪律的人，一定是个有礼貌、有素质的人，也是一个受别人欢迎的人，还是一个能做成大事的人。

遵守纪律是衡量一个社会文明高低的标志。文明是一种品德，一种修养，一种境界。文明对一个国家、一个民族、一个人都是非常重要的。文明其实离我们很近，它就在我们的日常生活中，它就在我们的一言一行中。只要我们遵守各项规章制度，自觉履行，进而化为内在的自觉行为，我们就是文明人。

放学路上，小杰、小王和小张骑着自行车途经一个6米宽的路口时人行道上红灯亮了，3人停下等候。这时前后左右并没有来往车辆，许多行人看看没车都过了马路，任凭协管大叔怎么劝阻也不听。小张忍不住了，也骑车过了马路，并招呼两位伙伴过来。小王看看没车也过去了。尽管对面的两个伙伴不断挥手催他过街，小杰仍然面带微笑一直等到绿灯亮了才过马路。协管大叔朝小杰竖起了大拇指。

思考：小杰、小王和小张谁做得正确？为什么？

我思我悟：

●本章回顾

1. 纪律面前，人人平等，纪律是整个社会组成不可或缺的部分，充分认识制定纪律的必要性和遵守纪律的重要性。

2 遵规守纪必须从我做起，无论在校园、职场、社会都要遵守规章制度，做个有素养有道德的文明人。

第五章　法之养成

第一节　知法守法　人之根本

当个人的权益受到侵害时该怎么办？是忍气吞声，还是恶语相向，甚或武力报复？形式多样，后果迥异。当今社会，想要有效维护自身权益，唯有运用法律武器。

一、法律，陪伴人的一生

（一）何谓法律

1. 法之概述

法，英文 Law，代表着公正、正直，判断是非曲直、惩治邪恶的一种规范、规则、秩序，告诉人们可以做什么、必须做什么、禁止做什么，每个人在法律面前权利义务都是平等的。法在人们享受权利或接受帮助的同时，对人们的不端或不公正的行为给予惩罚。法无时不在，无处不在，当你不需要它时，它会默默陪伴着你，当你需要它时，它就会立马出现帮助你。

> 甲同学说："法是保护我们每个人的，任何时候，任何地点，只要我们需要法，它都会出现。"乙同学说："法并不是经常出现，它只保护特定的人群。"

思考： 你认为什么时候需要法呢？你觉得哪个同学说得对？

2. 法律对中职生的意义

（1）保证中职生健康成长。

中职生正处于世界观、价值观和人生观形成的关键时期，在校期间，中职生不仅需要掌握文化知识，培养扎实的实践能力，如果要成为现今社会需要的复合型人才，还必须通过学习，提高自身辨别是非的能力，树立法律意识。

(2) 保障中职生在将来职业生涯中能够维护自身的权益。

中职生一毕业即要走向社会，开始自身的职业生涯。学习好法律，如遇劳动纠纷，就可以用法律来维权；如要创业，则懂得依法经营、管理。

当然，中职生在维护自身权益免受侵犯的同时，给身边需要帮助的人提供必要的帮助，应努力普及法律知识。

(二) 法律大家庭

常常在电影或电视剧中看到警察对犯罪嫌疑人说："你有权保持沉默，但你所说的一切都将成为呈堂证供。"这可能是我们最熟悉的法律用语之一。可是，你对法律这个大家庭又认识多少呢？那就让我们一起走进中国法律大家庭。"中国法律大家庭"是由宪法、民商法、行政法、刑法、经济法、社会保障法及自然资源与环境保护法等类型共同构成，每个类型都细分相应的法律。

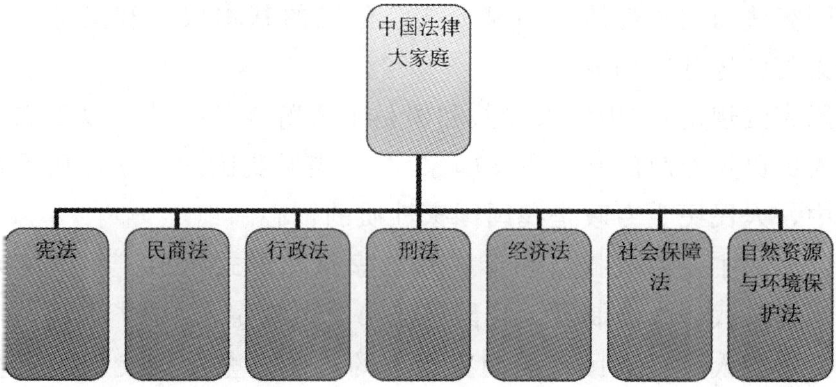

二、知法守法，维护权益，受益终身

我们在了解法律大家庭的"家谱"后，要在这个大家庭深受"欢迎"，就必须遵守法律大家庭的"家规"，也就是做到守法，维护自身权益。只有守法才能受益终身。

(一) 宪法

我们常常说黄河是我们的母亲河。宪法是我国的根本大法，其地位至高无上，犹如黄河一样是一位"母亲"，其他部门法犹如家中的"儿女"。其他法律的制定都必须以宪法为基础，如与我们日常生活最为密切的民法，其中规定的人身关系就是以宪法的公民权为基础的。

1. 宪法概述

宪法是国家根本大法，规定国家机关的组织与活动的基本原则，是保障公民基本权利的国家根本大法。它集中反映掌握国家政权的统治阶级的意志和根本利益，是维护和巩固统治阶级专政的重要工具。它在国家的整个法律体系中居于主导地位，具有最高的法律权威和最大的法律效力，既是国家治国安邦的总章程，也是公民立身行事的总依据。

案例：甲同学与乙同学讨论宪法的地位。甲同学说："宪法也是法津，地位与其他法律一样。"乙同学说："宪法是国家的根本大法，但其地位至高无上，是其他部门法的基础。"

思考：你认为哪个同学说得对呢？为什么？

2. 宪法的基本内容

我国宪法由国家性质、国家形式、公民的基本权利和义务、国家机构及政党制度等共同构成。

我国宪法规定："中华人民共和国是工人阶级领导的，以工农联盟为基础的人民民主专政的社会主义国家。"这表明我国的国家性质是社会主义。其中，人民民主专政是我国国家性质的核心。

国家形式主要由政权组织形式和国家结构形式构成。我国的政权组织形式是人民代表大会制度。我国宪法第 2 条规定："中华人民共和国的一切权力属于人民。人民行使国家权力的机关是全国人民代表大会和地方各级人民代表大会。"

国家结构形式则是单一制，即全国只有一部宪法、一个中央政权，每个公民只有一个统一的国籍，各行政单位或自治单位都受中央统一领导、不能脱离中央而独立，国家整体是代表国家进行国际交往的唯一主体。

公民的基本权利由公民参与政治生活的权利和自由，公民的人身自由和信仰自由，公民的社会、经济、教育和文化方面的权利及特定人的权利共同构成。

公民参与政治生活的权利和自由包括平等权，选举权和被选举权，政治自由，批评、申诉、控告或者检举的权利。

公民的人身自由包括人身自由、人格尊严不受侵犯、住宅不受侵犯、通信自由和通信秘密受法律保护。

公民的社会、经济、教育和文化方面的权利包括劳动的权利和义务，劳动者有休息的权利，获得物质帮助的权利及受教育的权利和义务。

特定人的权利包括保障妇女的权利，保障退休人员和烈军属的权利，保护婚姻、家庭、母亲、儿童和老人，关怀青少年和儿童的成长，保护华侨的政治权利。

公民的基本义务主要包括维护国家统一和各民族团结；遵守宪法和法律，保守国家秘密，爱护公共财产，遵守劳动纪律，遵守公共秩序，尊重社会公德；维护祖国的安全、荣誉和利益；保卫社会，依法服兵役和参加民兵组织；依法纳税及其他方面的义务。

罗某某是湖南省邵东县人，因被人冒名顶替上大学，及身份证被盗用，造成2009年本该毕业的她无法毕业，成为新闻热议的话题。2004年高考后，她没有被任何高校录取，而冒名顶替她的同学王某某却被贵州师范大学思想政治教育专业录取。罗某某被迫复读一年后考取天津师范大学。2008年，王某某顺利毕业。本应2009年毕业的罗某某却不得不面临因身份证被盗用而无法取得教师资格证书等一系列问题。

思考：罗某某案件适用公民基本权利哪方面的内容？

我国的中央国家机构由全国人民代表大会、国家主席、国务院、中央军事委员会、最高人民法院、最高人民检察院构成。

（二）民法

“邦以民为本”是古代儒家民本思想的一种反映，认为万民百姓是国家的根本，治国应以安民、得民作为根本。而在法律部门法中，民法的地位也非常重要。

1. 民法概述

民法是调整平等民事主体的自然人、法人及其非法人组织之间的人身关系和财产关系的法律规范的总称，是法律体系中的一个独立的法律部门。它以平等、自愿、公平、证实信用、守法及公序良俗为原则。

自然人——指基于自然规律而出生的人，不仅包括公民，还包括外国人和无国籍人。

法人——指具有民事权利能力和民事行为能力，依法独立享有民事权利和承担民事义务的组织。

一名外国人在我国购买了一台笔记本，出现了质量问题，他向商家要求退货，商家以他不是中国公民为理由，不予退货。

思考：你认为应该退货吗?

2. 民事权利能力与民事行为能力

（1）民事权利能力。

人们从出生开始，法律就赋予了相应的权利与义务。而在民法中，每个自然人都享有民事权利能力。自然人的民事权利能力，是指法律赋予自然人享有民事权利和承担民事义务的资格。如每个人从出生时起到死亡时止，都可以享有教育权、财产继承权，承担纳税义务等。

《民法通则》第9条规定："公民从出生时起到死亡时止，具有民事权利能力，依法享有民事权利，承担民事义务。"

小林今年12周岁，父母给他零用钱，他花2元钱买了一张彩票，中了三等奖。

思考：请问小林是否有权利获得奖金?

（2）民事行为能力。

我们知道每个人从出生时起就具有民事权利能力，可真的每个人都可以实现吗？要实现必须借助特定的行为——民事行为能力。一台电脑，要成功运行，就必须具备硬件和软件。若将自然人视为电脑，民事权利能力就是硬件，民事行为能力则是软件。

民事行为能力是指自然人能够以自己的行为独立参加民事法律关系，行使民事权利和设定民事义务的资格。这是每个自然人出生后视年龄、智力等因素所获得的。那我们如何识别自己的民事行为能力呢?

周岁计算：以个人身份证出生时期定为出生日，即时为0周岁。每过一个生日第二天就长一岁。比如出生是1990年7月7日，那么1991年7月7日生日第二天，即1991年的7月8日为1周岁，如果还未过1991年的生日，那么就是0周岁，以此类推。

按照年龄阶段的不同和理智是否正常，将民事行为能力划分为三类：

·完全民事行为能力。

是指能够通过自己的独立行为参加民事法律关系，取得民事权利和承担民事义务的资格。

我国《民法通则》第11条规定："十八周岁以上的公民是成年人，具有完全民事行为能力，可以独立进行民事活动，是完全民事行为能力人。十六周岁以上不满十八周岁的公民，以自己的劳动收入为主要生活来源的，视为完全民事行为能力人。"

·限制民事行为能力。

是指自然人享有民事权利和承担民事义务的资格受到一定的限制。

我国《民法通则》第12条规定："十周岁以上的未成年人是限制民事行为能力人，可以进行与他的年龄、智力相适应的民事活动；其他民事活动由他的法定代理人代理，或者征得他的法定代理人的同意。不满十周岁的未成年人是无民事行为能力人，由他的法定代理人代理民事活动。"

·无民事行为能力。

是指自然人不具有以自己的行为参与民事法律关系取得民事权利和承担民事义务的资格。

我国《民法通则》第13条规定："不能辨认自己行为的精神病人是无民事行为能力人，由他的法定代理人代理民事活动。不能完全辨认自己行为的精神病人是限制民事行为能力人，可以进行与他的精神健康状况相适应的民事活动；其他民事活动由他的法定代理人代理，或者征得他的法定代理人的同意。"

张某去年只有17岁，在本镇的啤酒厂做临时工，每月有600元的收入。为了上班方便，张某在镇里租了一间房。7月份，张某欲花500元钱从李某处买一台旧彩电，此事遭到了其父母的强烈反对，但李某还是买了下来。同年 10 月，张某因患精神分裂症丧失了民事行为能力。随后，其父找到李某，认为他们之间的买卖无效，要求李某返还钱款，拿走彩电。

思考：林某的买卖行为是否有效？

3. 未成年人的监护

《中华人民共和国未成年人保护法》指未满十八周岁的公民为未成年人。中职生的年龄大多都在 18 周岁以下，属于未成年人，有的事情不能自我处理。因此，中职生作为未成年人，就需要有相关的监护人进行监护。

（1）监护人的顺序。

中职生的监护人是其父母亲，我国《民法通则》第十六条明确规定：“未成年人的父母是未成年人的监护人。”可以说，父母是未成年人的最重要的首位的监护人。但是，如果未成年人的父母已经死亡或者没有监护能力，那么未成年人应该由谁来进行监护呢？爷爷奶奶、外公外婆、亲戚朋友……？如果是他们，那谁先谁后呢？

在未成年人的父母已经死亡或者没有监护能力的情况下，按顺序由下列人员中有监护能力的人担任监护人：第一，祖父母、外祖父母；第二，兄、姐；第三，关系密切的其他亲属、朋友愿意承担监护责任，经未成年人的父、母的所在单位或者未成年人住所地的居民委员会、村民委员会同意的。

南方某村公民王某，12 岁，父母双亡，祖父母年过 80 岁，无兄姐，其他亲戚中仅有堂叔愿意也有能力担任其监护人。

思考：堂叔是否可以成为监护人？要经过谁同意？

（2）监护人的职责。

监护人必须履行以下职责：

· 监护人保护被监护人的人身、财产及其他合法权益，除为被监护人的利益外，不得处理被监护人的财产。

· 监护人依法履行监护的权利，受法律保护。

·监护人不履行监护职责或者侵害被监护人的合法权益的，应当承担责任；给被监护人造成财产损失的，应当赔偿损失。人民法院可以根据有关人员或者有关单位的申请，撤销监护人的资格。

甲某出差，将6岁儿子乙某托邻居照看。一日，乙某将隔壁的小孩打伤，医药费近千元。

思考： 这一损失应由谁来承担？

（三）劳动合同法

中职生在完成学业后就要步入社会，开始自己的职业生涯。而在寻求工作或是工作初期，可能会遇到自身权益受到损害的情况。因此，中职生对劳动合同法必须有一定的了解。

1. 劳动合同的订立原则

签订劳动合同的双方是用人单位和劳动者，双方地位是平等的，订立劳动合同应当遵循合法、公平、平等自愿、协商一致、诚实信用的原则。用人单位招用劳动者，不得扣押劳动者的居民身份证和其他证件，不得要求劳动者提供担保或者以其他名义向劳动者收取财物。

2. 劳动合同的形式

（1）建立劳动关系，应当订立书面劳动合同。已建立劳动关系，未同时订立书面劳动合同的，应当自用工之日起一个月内订立书面劳动合同。用人单位与劳动者在用工前订立劳动合同的，劳动关系自用工之日起建立。

（2）用人单位未在用工的同时订立书面劳动合同，与劳动者约定的劳动报酬不明确的，新招用的劳动者的劳动报酬按照集体合同规定的标准执行；没有集体合同或者集体合同未规定的，实行同工同酬。

3. 劳动合同的试用期

用人单位与劳动者在劳动合同签订前，毕竟相互不熟悉。因此，劳动合同法规定了试用期，让双方有相互了解、相互认识的过程，但试用期在双方中只能约定一次，试用期包含在劳动合同期限内。劳动合同仅约定试用期的，试用期不成立，该期限为劳动合同期限。劳动者在试用期的工资不得低于本单位相同岗位最低档工资或者劳动合同约定工资的百分之八十，并不得低于用人单位所在地的最低工资标准。

【试用期时间表】

劳 动 期 限	试　用　期
3 个月以上不满 1 年	不得超过 1 个月
1 年以上不满 3 年	不得超过 2 个月
3 年以上固定期限和无固定期限的劳动合同	不得超过 6 个月
特殊情况：以完成一定工作任务为期限的劳动合同或者劳动合同期限不满三个月的，不得约定试用期。	

李某，中职学校毕业后进入一公司，单位要跟他签订 3 年劳动合同，同时订 3 个月的试用期，并将其另立于劳动合同之外。

思考：该合同符合法律规定吗？

4. 劳动合同的解除

劳动合同可以解除，可以是双方的，也可以是单方的。用人单位与劳动者协商一致，可以解除劳动合同。如果是单方的话，大致分为两类：一类是劳动者解除合同，另一类则是用人单位解除合同。

（1）劳动者解除合同。

中职生步入社会就业成为一名劳动者，如果要单方解除合同，必须提前三十日以书面形式通知用人单位，可以解除劳动合同；如果是在试用期内，提前三日通知用人单位，可以解除劳动合同。如果用人单位有下列情形之一的，劳动者可以解除劳动合同：

·未按照劳动合同约定提供劳动保护或者劳动条件的；

·未及时足额支付劳动报酬的；

·未依法为劳动者缴纳社会保险费的 ；

·用人单位的规章制度违反法律、法规的规定，损害劳动者权益的；

·因本法第二十六条第一款规定的情形（以欺诈、胁迫的手段或者乘人之危，使对方在违背真实意思的情况下订立或者变更劳动合同）致使劳动合同无效的；

（六）法律、行政法规规定劳动者可以解除劳动合同的其他情形。

用人单位以暴力、威胁或者非法限制人身自由的手段强迫劳动者劳动的，或者用人单位违章指挥、强令冒险作业危及劳动者人身安全的，劳动者可以立即解除劳动合同，不需事先告知用人单位。

赵某与单位签订劳动合同三年，工作一年半后，其单位未给其办理社会保险，赵某提出要解除合同。

思考：赵某可以解除合同吗？

（2）用人单位解除合同。

我们在了解自身可以解除劳动合同的情况下，同样也了解用人单位在何种情况下可以解除劳动合同，做到“知己知彼”，防患于未然。如果我们劳动者有下列情形之一的，用人单位可以解除劳动合同：

· 在试用期间被证明不符合录用条件的 ；

· 严重违反用人单位的规章制度的；

· 严重失职，营私舞弊，给用人单位造成重大损害的 ；

· 劳动者同时与其他用人单位建立劳动关系，对完成本单位的工作任务造成严重影响，或者经用人单位提出，拒不改正的；

· 因本法第二十六条第一款第一项规定的情形致使劳动合同无效的；

· 被依法追究刑事责任的。

程某，与单位签订劳动合同3年，在试用期间迟到早退，不能在规定时间内完成单位任务，并给单位造成重大损失，单位要与其解除合同。

思考：单位可以解除程某吗？

（3）劳动争议解决方式。

作为劳动者，毕竟与用人单位存在争议时处于不利的地位。因此必须了解处理劳动争议的几种解决方式：

· 协商解决。我们可以与用人单位本着互谅互让的原则协商解决纠纷。

· 申请调解。企业劳动争议调解委员会由职工代表和企业代表组成。当事人申请劳动争议调解可以书面申请，也可以口头申请。调解劳动争议，应当充分听取双方当事人对事实和理由的陈述，耐心疏导，帮助其达成协议。经调解达成协议的，应当制作调解协议书。调解协议书由双方当事人签名或者盖章，经调解员签名并加盖调解组织印章后生效，对双方当事人具有约束力，当事人应当履行。自劳动争议调解组织收到调解申请之日起十五日内未达成调解协议的，当事人可以依法申请仲裁。

·申请仲裁。劳动争议的仲裁，只要当事人一方提出申请，有关的仲裁机构即可受理。而劳动争议仲裁机构主要是在省、自治区的市、县设立，或者直辖市的区、县设立。劳动争议的裁决一般不是终局的，当事人对裁决不服的，除劳动争议调解仲裁法规定的几类特殊劳动争议外，可以向人民法院起诉。

第二节　违法必究　法不容情

法在保护我们合法权益的同时，也对违法行为予以惩罚。这节我们来学习对违法行为的惩罚及如何预防不良行为。

一、刑法

法对违法行为予以惩罚，惩罚性最明显的法律就是刑法。从古至今，人们一提到法，第一联想就是这个人肯定犯了罪，就是犯了刑事案件，可想而知刑法在法律大家庭及人们的心目中占有重要的地位。

中职生处于未成年人阶段，思维不甚严谨，容易受外界的不良影响，可能会因为一时冲动一时的失误而触犯法律，造成犯罪，给自身留下难以洗刷的污点。

（一）犯罪

1. 犯罪概述

犯罪是具有严重的社会危害性、触犯了法律、应当受刑罚处罚的行为。

《刑法》第十三条 一切危害国家主权、领土完整和安全，分裂国家、颠覆人民民主专政的政权和推翻社会主义制度，破坏社会秩序和经济秩序，侵犯国有财产或者劳动群众集体所有的财产，侵犯公民私人所有的财产，侵犯公民的人身权利、民主权利和其他权利，以及其他危害社会的行为，依照法律应当受刑罚处罚的，都是犯罪，但是情节显著轻微危害不大的，不认为是犯罪。

周克华，男，苏湘渝系列持枪抢劫杀人案制造者，公安部A级通缉犯。2012年“1·6”南京枪击抢劫案发生后，公安部确认此案与此前湖南长沙、重庆发生的6起持枪抢劫杀人案均系同一犯罪嫌疑人所为。2012年8月10日上午9点34分，周克华在重庆沙坪坝区凤鸣山康居苑中国银行储蓄所门前实施枪击抢劫，当时造成一死两伤。2012年8月14日凌晨6时50分，周克华在重庆沙坪坝区童家桥一带被警方击毙。

刑法惩罚犯罪，同时也保护人民，是通过惩罚犯罪的手段来最终达到保护国家和人民利益的目的。只有强有力地惩罚犯罪，人民才能在安全、公平、正义的社会环境中生存、生活，国家才能在和谐的社会环境中稳健发展。

2. 未成年人犯罪

未成年人犯罪，也要承担相应的刑事责任，但考虑到他们的身心原因，刑法对未成年人犯罪在承担刑事责任年龄方面作特殊的规定，以达最大限度挽救和教育的目的。

(1) 完全无刑事责任年龄（0—14周岁）。

根据我国刑法的规定，年龄不满14周岁的人不负任何刑事责任。

何某，12周岁，流浪在外，长期靠盗窃为生。一天，何某在行窃中被抓。

思考：是否应追究何某的刑事责任？

(2) 相对负刑事责任年龄（14—16周岁）。

《刑法》第17条规定：“已满十四周岁不满十六周岁的人，犯故意杀人、故意伤害致人重伤或者死亡、强奸、抢劫、贩卖毒品、放火、爆炸、投毒罪的，应当负刑事责任。”“已满十四周岁不满十八周岁的人犯罪，应当从轻或者减轻处罚。”“因不满十六周岁不予刑事处罚的，责令他的家长或者监护人加以管教；在必要的时候，也可以由政府收容教养。”

陈某，15周岁，父母对其管教较为严格，很少给其零花钱。陈某离家出走，流落在外，开始以盗窃为生。在一次行窃中被店家发现，陈某一时冲动，将店中钱财抢走。被抓时清点财物，金额计人民币约3000元。

思考：陈某要负刑事责任吗？

(3) 完全负刑事责任年龄（16 周岁以上）。

《刑法》第 17 条规定：“已满十六周岁的人犯罪，应当负刑事责任。”已满 16 周岁的人，无论从生理、心理的角度，都具有辨认是非和控制自己行为的能力，但基于保护未成年人的角度，《刑法》第 17 条又规定：“已满十四周岁不满十八周岁的人犯罪，应当从轻或者减轻处罚。”

（二）刑罚

犯罪都是应当接受刑罚处罚的，犯罪与刑罚是相互联系的，一个人只有犯了罪，才会受刑罚处罚。我国的刑罚分为主刑和附加刑。主刑是对犯罪分子适用的主要刑罚方法，其特点是只能独立适用，不能附加适用，如某人犯罪，法庭只能判有期徒刑或无期徒刑，不能两种同时都判；附加刑是补充主刑适用的刑罚方法，其特点是既可以附加主刑适用，也可以独立适用，如某人犯罪可以判有期徒刑和没收财产，也可以判没收财产和剥夺政治权利。

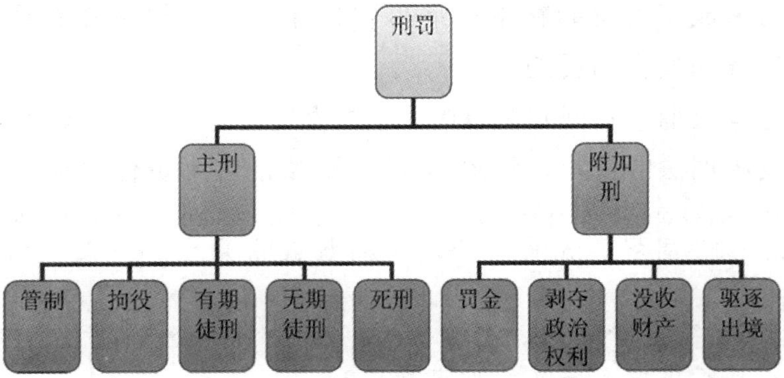

二、善于与犯罪作斗争，预防不良行为

（一）正当防卫

当自身或周边人遭遇到不法侵害时，如何在保护自身、他人利益的同时，又不触犯刑法，那就必须了解何谓正当防卫。《刑法》第 20 条规定：“为了使国家、公共利益、本人或者他人的人身、财产和其他权利免受正在进行的不法侵害，而采取的制止不法侵害的行为，对不法侵害人造成损害的，属于正当防卫，不负刑事责任。”

虽然法律规定了正当防卫，但为了防止被随意滥用，正当防卫必须同时符合一定的条件：

· 起因条件——必须有不法侵害的存在。

• 时间条件——不法侵害正在进行中。

• 对象条件——防卫人只针对制止不法侵害者本人。

• 保护条件——保护合法权益不受侵害。

• 限度条件——不能超过必要限度对不法侵害人造成重大损害。

林某因醉酒上班迟到被领导陈某批评，便对领导怀恨在心。一日下班后，林某尾随陈某至无人处，持刀向陈某背部刺去。陈某受伤后，捡起路边的石子朝林某砸去，并喊："杀人了，救命!"林某再次逼近行凶，陈某在躲避之际，将手中的袋子砸向林某，里面正好有刚买的玻璃瓶装洗厕剂，因瓶子被砸破洗厕剂，将林某面部烧伤。

思考：请问陈某的行为是否属于正当防卫?

因此，当我们合法权益遇到侵害时，必须头脑清醒，判定如何有效防卫，掌握好防卫的合理限度。只有做到这样，才能真正惩罚犯罪，保护自身。

（二）预防不良行为

俗话说："冰冻三尺，非一日之寒。"其实，很多违法犯罪行为都是从日常不良行为慢慢衍生而出的，只要有效识别、预防不良行为，我们就可以减少违法犯罪行为，为自己的未来奠定好基础。

根据《预防未成年人犯罪法》，不良行为包括：

1. 旷课、夜不归宿；

2. 携带管制刀具；

3. 打架斗殴、辱骂他人；

4. 强行向他人索要财物；

5. 偷窃、故意毁坏财物；

6. 参与赌博或者变相赌博；

7. 观看、收听色情、淫秽的音像制品、读物等；

8. 进入法律、法规规定未成年人不适宜进入的营业性歌舞厅等场所；

9. 其他严重违背社会公德的不良行为。

为了有效地保护自己，青少年应该学习和掌握自我保护的一些方法，主要方法如下：

1. 学会拒绝不正当要求，坚决不与坏人坏事同流合污。比如参与打架、威胁同学等，不仅自己不要去，也要劝说朋友不要参与。

2. 记住父母亲、亲戚或可信任成年人的联系方式，在遇到危险时可以及时寻求他们的帮助。

3. 如在路上遇到陌生人尾随，应想办法到人多的地方，如百货、居民小区，迅速拨打 110 或跑到警务部门。

4. 平时身上不要带过多的财物，不要炫耀贵重物品。上学、放学时应与同学结伴而行，遇到坏人劫持、伤害等暴力侵害时，要大声呼救，并根据情况决定是否反击。如果坏人过于凶狠，一般不要与其硬拼，应镇静、机智地与之周旋，以寻找机会脱身并报警。

5. 遭遇违法犯罪行为侵害时，及时报警，并提供坏人的一些特征，以利于公安部门破案。

总之，不管是遇到问题还是遭遇侵害，一定都要及时与家长、老师、公安机关取得联系，并采取上述必要的应对方法，不要缄口不语，屈服于恶势力。

赵某，在放学途中，被无业人员陈某尾随至无人处，持刀向赵某索取财物。赵某捡起路边的石子朝林某砸去，并喊："抢劫呀，救命!"陈某向其刺去，赵某在躲避之际，将手中的袋子砸向陈某，趁陈某躲避之际，赵某逃离。但赵某并不知陈某头部被袋中的玻璃砸伤。

你觉得赵某要承担责任吗？如果是你遇到了违法侵害时，如何保护自身的权益？

我思我悟：

●本章回顾

1. 通过宪法、未成年保护法、劳动法、民法的了解，结合中职生的特点，学会在日常生活中保护自身合法权益。

2. 违法犯罪行为危害性大，应杜绝不良行为；当个人的权益受到侵害时，要用法律来保护自身的权益。

第六章　思之养成

第一节　提升自我　快乐学习

“生活中有两件事最使人觉得快乐，这两件事一是运动，一是学习。运动使人觉得自己精神旺盛，精力充沛；学习使人觉得自己有进步。这两者就是维持年轻，防止衰老的秘诀。”——罗兰

一、更新学习观念

学生首要的职责就是学习。北京师范大学心理学院的林崇德教授对于“学生”有自己独到的理解：所谓“学生”，就是要“学生活的知识，学生存的技能，学生命的意义”。而对于“学习”，中国科学院院士杨叔子先生说，“学”就是通过读书、听讲、观摩、思考等，掌握已有的知识，“习”是实践。“学”和“习”结合起来组成一个完整学习的过程，还应包括“创新”，那就是进行创造性学习、培养创造能力。未来学家说过：“未来的文盲不是目不识丁的人，而是不会学习的人。”可见，学会学习是人们特别是年轻人必须具备的不可缺少的能力！

刘峰是职业学校电子信息专业三年级的学生，他一直对软件编程感兴趣，经常在业余时间自学，希望将来成为一名软件工程师。毕业前，他在网上看到某大型软件公司的分公司招聘职员，就想去试试运气。同学们都劝他：“算了吧，去大企业工作都要经过严格考试的，你自学的那些知识有什么用呢?”尽管如此，他还是抱着“试试看”的心态去应试了。

果然，考官问了几个问题后，说：“很抱歉，你的专业水平不符合我们的招聘要求。”刘峰诚恳地问考官：“能不能再给我一次机会?我想回去好好准备一下。”没想到考官说：“好，欢迎你两个星期后再来应聘。”刘峰出考场后就直奔书店，买了一大堆相关书籍，回家苦

读两个星期。再次应聘时，他努力用新学的知识和技能回答了考官的问题。考官说："你的水平还是比较低，不过这两个星期你的进步还真不小啊！你可以试试我们公司其他的岗位，比如销售。"考官又给了刘峰两周的准备时间。于是，他又买了一堆专业书，猛读了两个星期。一个多月下来，他家里的书堆的像小山一般，人明显消瘦了下去。

考官再次面试他的时候说："祝贺你，你已经被录用了，不是因为你现在的水平达到了我们招聘的要求，而是因为你是个学习能力非常强的人。我们这个行业知识更新速度很快，需要随时充电，而你恰好具备这种能力。"

思考：对刘峰求职成功你有何感想？

二、常见的学习心理问题

（一）厌学

1. 学习动机不足

学习动机不足，指的是不想学习，觉得学习没意思，主要表现为以下几种情况。

· 没有明确的学习目标和学习计划。

学习动机不足的学生没有明确的学习目标，不知道为什么要学习。在学习上既不做长远规划，也不做近期安排，学习生活充满了盲目性。

· 缺乏自尊心、自信心。

不愿学习的学生经常用"我天生不是学习的料""我不适合学习"来安慰自己，学习成绩差也不觉得不好意思，成绩不及格也不在乎。由于这些学生缺乏必要的压力，因而懒于学习，经常旷课和睡懒觉。

· 学习兴趣缺乏。

学习兴趣缺乏主要表现在对学习冷漠、畏缩、常感厌倦，对学习生活感到无聊，学习时无精打采，很少享受到学习成功带来的快乐。

每天上课是阿明最痛苦的一件事情，由于听不懂老师所讲的内容，所以上课就像听天书一样。于是阿明在课堂上要么趴在桌子上，要么和同学说话，要么看漫画，要么听流行歌曲……每天老师布置的作业他也不做，所以学习成绩很差。老师总是批评他，可是他仍然我行我素。

阿明就是典型的学习兴趣缺乏者，对学习没有兴趣，课堂上不认真听讲，老师教的学不会，越学不会就越不想学，对学习就越没兴趣，形成了恶性循环。

2. 学习动机过强

学习动机并不是越强越好，凡事都有个度，学习动机过强也是一种学习心理问题，主要表现为如下几种情况。

· 劳逸无度，打疲劳战。

认为只要自己勤奋学习，就会有好的学习效果。因此一味地勤奋，恨不得将所有的时间都用在学习上，稍有放松就会很自责，而不注意劳逸结合和科学学习。结果往往适得其反，学习效果并不理想。

· 在学习中过于追求完美。

在学习中不允许自己有一点儿失误，更不允许有失败。如果某次考试略有闪失或成绩不理想就会完全否定自我，产生巨大的心理压力。

· 学习焦虑。

学习压力非常大，长期处于较大的学习压力之下就会产生学习焦虑，主要表现为注意力不集中、记忆力减退、思维迟钝、学习效率下降，有时还会伴随许多躯体症状如头痛、失眠、心悸、胃肠功能失调等。

（二）注意力不集中

注意力不集中，表现为不能把注意力长时间集中于学习的内容，心猿意马，眼睛看着书，心理却想着其他的事情；或者注意力很容易分散，被其他人或事吸引。

兰兰，是某职业中专电脑文员专业一年级的学生。大约从初中二年级开始，兰兰在学习的时候会不自觉地注意别人在学什么，如果自己与别人学的不一样，她就会很紧张，自己就会改学和别人一样的内容。由于自己的注意力总不能集中在学习上，学习成绩也因此下滑，最终没能考上高中。兰兰很愿意上职业中专，她认为职业中专的学习压力相对小一些，自己的注意力问题也许会得到改善。让兰

兰没有想到的是，自己的注意问题不但没有改善反而更加无法控制了。在学习的过程中，别人的任何举动都会把她的注意力拉走，坐在旁边的同学看课外书，她会想他怎么不好好学习专业知识；别人走出自习室，她会想他出去干什么，为什么这么长时间不回来……总之兰兰在学习的时候，注意力不能集中在学习上，所以感到学习很累也很痛苦，不知该怎么办。

思考：在学校里像兰兰一样注意力有问题的学生并不少见，这一问题令很多人感到烦恼和痛苦。对此，你有何建议呢？

（三）学习方法不科学

常常听到一些青少年说："我的记忆力很差，怎么都记不住所学的知识。"按照人生记忆发展的规律来说，青少年时期正是记忆力、思维能力、想象力等发展的高峰期，怎么会记忆力差呢？原来很多青少年不懂得学习的规律，在学习的过程中要么不重视各种学习方法，如记忆方法在学习过程中的作用，要么没有掌握科学的学习策略、技巧或思路。

（四）意志力不坚强

学习意志力不坚强是普遍存在的学习心理问题。主要表现在学习过程中缺乏恒心，三天打鱼两天晒网，没有顽强拼搏的精神，不能坚持不懈，遇到困难就退缩，就想放弃，学习不能达到良好的效果。

通过对学习的认识和对常见的学习心理问题的分析，你对自己的学习已经有了比较清楚的认识吧。

三、挖掘潜能，快乐学习

（一）职校学习，新的开始

据2006年8月26日《广州日报》报道：27岁的汪某从北京科技大学本科毕业三年后，又回到了校园里读书。不过这次汪某的选择让所有人意外，他不是读研究生，而是花两年时间读中专。汪某成为贵州省首位大学本科毕业后又回头读中专的人。

汪某选择了大学毕业三年后到中专学习专业技能，为就业准备另一块“敲门砖”。汪某感受到了职校学习与中学和大学学习间的差异。从初中进入职校的各位同学，面临职校学习与先前学习阶段的不同，对已经到来的新挑战，又该如何应对呢？

几名职校的同学聊起现阶段的学习，都有一些困惑。有的同学觉得，脱离了父母的管束，一下子可以自己支配很多时间，然而诱惑也越来越多，能够用来学习的时间也越来越少了。有的同学认为职校学习的科目多、难度大，老师讲课速度快，而且很多时候仅仅提供了一个思路，因此有点儿跟不上学习进度。也有同学认为，相比于中小学的老师，职校老师很少给学生留练习题以帮助掌握学习内容，有些老师只告诉你该看哪些参考书，让你自己学习，但自己却不知道如何下手。还有的同学觉得动手操作很有意思，就是有点儿难，原来一直学习书本知识，现在职校很多操作技能要掌握，有点儿不适应。事实上，职校学习相比先前的学习，确实具有以下几个新特点。

1. 自觉性

自觉主动的学习是职业学校学习的最大特点。进入职校后，家长和教师对同学们的学习管束不再像初中那么多，尤其是老师，通常讲完课就走了，不再经常指导练习课和参与自习课，需要同学树立自主的学习观念，合理安排自己的学习时间，重视自主学习能力的培养。

2. 专业性

职校学习与义务教育阶段不同，是一种职业教育，课程设置主要围绕专业方向和专业需要展开，不同专业的学习内容差异很大。例如，数控机床和文秘专业学习的课程就差别很大，两者之间很难相互借鉴。而专业性的特点也体现在科目多、内容多等方面，这就需要同学尽快转变学习思路，适应专业学习的新特点。

3. 实践性

职校以学习专业技能为主，实践对于专业技能的掌握和提高具有重要作用。通常情况下，校内实训、社会实习及各种技能大赛都给同学们提供了大量的实践机会，同学们需要迅速转换角色，积极参与到实践中去，在实践中提高技能，为将来的就业奠定坚实的基础。

（二）学习风格，各有差异

小雨从小就喜欢做手工，初中的时候就给自己做过衣服，穿到学校，同学们着实羡慕了一把。中考结束，小雨如愿来到某职业学校学习服装设计专业，她不但对学习充满兴趣，而且花了很多时间在学习上。但事与愿违，小雨的学习成绩并不令人满意，服装设计基础中很多需要记忆的知识，让小雨感到头痛。

学习风格，是我们在长期的学习活动中表现出来的一种具有鲜明特点的学习方式和学习倾向，与我们每个人具有的八项智慧有密切的关系。每个人都具有各自不同的一种或几种学习风格和独特习惯。有些人青睐于一种风格，很少使用其他的风格去学习，有的人可能会在不同的时候使用不同的学习风格。下面我们就来看看不同学习风格的具体表现，看看哪种风格、哪种学习策略更适合于你。

1. 视觉—空间型学习风格

如果你善于通过观察进行学习，在看到语言描述的场景时能够快速地在脑海中创造出具体的形象，空间感很好，走过的路走一遍就能记住，喜欢建筑、摄影、空间设计，经常会说“让我们画一个指示图吧”，那么你可能是一个具视觉—空间型学习风格的人。

对于你来说，在学习过程中对知识进行视觉联想，多利用感性材料，例如观看操作视频，就是非常有效的学习方法。

2. 语言型学习风格

如果你从小喜欢语文，喜欢看小说，喜欢文学作品，经常与人辩论一个词的正确用法，喜欢写作、演讲，给别人解释问题的时候经常会说“换句话说……”或者“从另一个角度说……”那么你可能就是一个具有语言型学习风格的人。

对于你来说，在记忆知识时，用笔在纸上写一写关键词，用自己的语言重新组织或表述学到的知识，都会对学习有所帮助。

3. 身体—运动型学习风格

如果你善于利用直接的接触或操作进行学习，喜欢做一些手工模型，喜欢体育运动，有时候会说“这正是我感觉到的”，那么你可能就是一个具身体—运动型学习风格的同学。

在学习过程中，你可以多利用触摸、手工操作、运动等方式辅助学习，这会提高你的学习效率。

4. 逻辑—数学型学习风格

如果你喜欢进行逻辑分析和推理，喜欢在课余时间阅读推理小说，喜欢按照一定的步骤、规则和程序进行学习，那么你可能具有逻辑—数学型的学习风格。

在学习时，注意加强对知识内容的逻辑理解，建立知识间系统的联系，避免死记硬背，在理解意义的基础上进行记忆等，都是适用于这种学习风格的非常高效的学习方式。

很显然，小雨是一个具身体—运动型学习风格的人。对于她来说，在学习时，可以多利用实物或模型的辅助，充分发挥手工操作的优势，一定会收到很好的效果。

每个同学都有自己独特的学习风格，而对于每种学习风格，其适合的方法也有所不同，找到了自己的学习风格和适宜的学习策略，只要持之以恒，一定会在学习上获得成功。

（三）自我管理，快乐学习

自我管理，是个体成熟的标志之一。一个人能否进行自我管理，对成功起着重要的作用。印度雷缪尔集团总经理、多所商学院的访问教授帕瑞克博士曾经说过："除非你能管理自我，否则你不能管理任何人或任何东西。"职校学习的自主性给了我们一个自我管理的机会，同时也是一个严峻的挑战。如何应对这个挑战呢？可以从两个方面入手：第一，管理自己的时间；第二，养成良好的习惯。

孙浩是职业学校物业管理专业的学生。读初中时，他整日沉溺在电子游戏厅，耽误了学业。孙浩的父母都是普通工人，工作非常辛苦。父母希望孙浩能好好读书，将来找个稳定的工作。孙浩是个懂事的孩子，上了职校后决心通过自己的努力学点真本事，以利于毕业后能立足于社会。

决心一下，他立即付诸行动，上课认真听讲，晚上回家也学习到很晚。每天他的时间表都排得

满满的，为了完成学习计划，他总是处于紧张、躁动的情绪中。特别是当考试来临的时候，他更是连续开夜车。尽管如此，他的考试成绩仍不理想，每次都达不到自己的目标。他觉得可能功夫下得还不够，于是重新修订学习计划，利用一切可以利用的时间，把学习时间表安排得更为紧凑……

由于长时间处于紧张疲劳状态，他每天昏昏欲睡，上课经常打不起精神，成绩迅速下滑。除此之外，孙浩的技能操作学习更为吃力，老师讲了半天，让他自己动手时，他却无从下手，即使操作了也会出现很多错误。孙浩陷入了学习的困境，他该怎么办呢?

思考： 孙浩的学习经历说明了一个什么问题？我们从中获得了哪些启示？如果他向你求助，你会建议他怎么做？

1. 有效管理时间

时间对于每个人来说，都是有限且宝贵的。对于学习来说，时间是最重要的资源之一。因此，有效时间管理可以提高学习效率，对学习成功起着举足轻重的作用。

什么是时间管理？时间管理就是通过一定的方法合理安排时间，有效利用学习资源。在日常学习生活中，可以通过以下这些策略来管理自己的时间。

· 列出计划。

你是不是也有这样经历，去上自习，拿了几本书，这本翻翻，那本看看，时间很快就过去了，但却没有什么收获。事实证明，大量的时间浪费源于缺乏计划。从现在开始，尝试每天给自己列出一个需要完成事件的清单，用计划指导你的行动。

· 按事件性质安排时间。

日常生活中的事件，可以按照紧急程度和重要程度分为四类，即重要且紧急的、紧急却不重要的、重要但不紧急的以及不重要也不紧急的。上网闲聊、看无聊电视节目等都属于第四类事件。我们应该尽量减少它们所占用的时间，压缩不重要但紧急的事件占用的时间。

·确定有规律的学习时段。

对于同学们来说，每天预留固定的几个小时作为学习时间，例如将每天 19 时到 22 时作为复习功课的时间，没有非常特殊和紧急的情况，绝不占用此段学习时间。

·利用零碎的时间。

在日常生活中，我们经常面临一些不得不等待的情况，例如去银行、等车、等人，不妨将这些零碎的等待时间利用起来，例如背单词，在头脑中回忆某个技能操作等。

·学会说“不”。

学习时间若有客人来访，必定占用宝贵时间，因此应该清楚地知道自己的任务所在，除非确有必要，均应礼貌但坚定地说“不”。

·立即行动，避免拖延。

我们经常懊悔自己刚刚浪费了时间，并信誓旦旦地说：“明天我一定开始好好学习，不虚度大好青春。”殊不知，在你追悔和发誓时，时间已悄悄地溜走了。因此，切记今天就行动，立即行动，不要明日复明日。此外，对于重要的事情应立即着手去做，不要拖延。

如果你能去运用这些策略，一定会发现你的时间似乎比别人充裕了，你的收获会比别人更多。

2. 养成良好的学习习惯

习惯的力量是惊人的。习惯能载着你走向成功，也能驮着你滑向失败。如何选择，完全取决于自己。

吴美上初中的时候就没有养成良好的学习习惯，注意力总是集中不起来。上课时，老师讲着讲着，他就开始想东想西，等回过神来，怎么也听不懂了。就这样，吴美初中的学习基础一直很差。

上了工业学校后，他开始为自己以往的不良习惯而苦恼。最近，在一次制图课上，吴美开始还能集中注意力听讲，可不知什么时候老毛病又犯了，连他自己都不知道自己的思绪飞到哪儿去了。突然，吴美发现老师停止了讲课向自己走来，同学们都看着自己笑，这才意识到自己不但上课走神，还低声唱起了歌！看着老师责备的眼神，他尴尬极了。

思考：你在学习的过程中有没有分心现象？你认为哪些因素会影响注意力的集中？

·找出不良学习习惯，认识其危害性。

找出不良学习习惯是矫正习惯、建立新习惯第一步。我们有时并没有意识到自己的不良习惯。因此，可以找家人、朋友、同学帮助，认真思考，列出自己的坏习惯及其产生的危害，同时决定改变这些不良习惯。

·设计建立新学习习惯的方案步骤。

一旦找出不良习惯，就需要设计相应的好习惯，例如替代迟到应该养成守时的好习惯，做事拖沓需要用立即行动进行替代。找到替代的好习惯后，还需要列出具体的行动计划和改变的步骤。

·反复多次重复练习。

在以上两个步骤完成之后，要坚持反复按照新习惯的行动方式行动，直到其固定为自己的新行为模式。在这个过程中，可以进行自我暗示，例如“我一定能改变”“我一定可以守时”等，也可以在成功按照新行动方式行动后，给予自己奖励。这些都有助于新习惯的建立。

管理自己的时间，建立良好的新习惯，似乎是老生常谈，但当你真正将他们落实到行动中时，你会发现，你变了，你的学习真正变得由自己来掌握，你的生活更加充实，你的人生更加精彩。

（四）掌握科学的学习方法

1. 增强记忆力的方法

·及时复习。

著名的德国心理学家艾宾浩斯在1885年发表了他的实验报告后，记忆研究就成了心理学中被研究最多的领域之一。艾宾浩斯是正式发现遗忘规律的第一人。这条曲线表明，遗忘的速度是不均衡的。在识记后的短时间内遗忘得较快，以后则逐渐缓慢下来，到了相当时间几乎就不再遗忘。简而言之，遗忘的速度是“先快后慢”。

·动员多种感官参与学习。

动员多种感官参与到学习过程中，如充分利用眼看、耳听、口念、身动等多种器官全方位刺激人的大脑，以增进记忆效果。这种学习方法，也被称为全脑风暴的记忆法。一项神经生理学研究证明，多种感觉器官共同参与到学习过程中，比一种感觉器官孤军作战单独记忆的效果要好得多。一般来说，人通过视觉获得的知识能够记住25%，通过听觉获得的知识能够记住15%。

·过度学习。在学习过程中，当学习的内容达到刚能成诵的程度之后，不要立即停止学习，应该再继续学习，以便达到熟记不忘的程度。一般请况下，学习程度在150%～200%效果最佳。

·善于利用联想。在学习的过程中，要善于通过联想建立起知识与知识之间，技能与技能之间，以及技能与知识之间的联系，这样才有利于改善学习的效果。

总之，掌握了科学的方法可以提高记忆效果。另外，在学习的过程中，当遗忘发生的时候，不要总是说自己笨；当自己背诵了很长时间都没有记住的时候，不要怀疑自己的识记能力。遗忘是一种正常现象，每个人都会遗忘，不断地重复是克服遗忘最有效的手段。

2. 学会记笔记

常言道，“眼过千遍，不如手过一遍”“好记性不如烂笔头”，在阅读和听讲的过程中千万不要忽视记笔记。有的同学会说：“我也记笔记，可是我记的笔记总是很乱，而且有时老师讲得比较快，很多内容都记不下来……”怎样做好课堂笔记呢？你试一试下面的方法吧。

·课前要预习。课前预习可以有效地掌握课堂学习的重点、难点和疑点，使听课变得更有目的性，减少了盲目性。书上有的、简单易解的、非重点的内容不需要记录，这样就能有效地解决听与记的矛盾了。

·课上多听少记，课下及时补记。课堂听老师讲解很重要，不要为了做笔记而影响听课，结果导致自己笔记没记好，也没有听懂老师讲解的重点和难点。因此，课堂上要多听少记，但不是不记。对于课堂上没有记下来的内容，课下要及时补记。

·可以在书上用不同颜色的笔或者符号来标出重点、难点和疑点。

·在书上的空白处简明扼要地标注重要的内容。

由于课本上的空间有限，很多课堂内容记不下，这时就需要准备一个笔记本。在笔记本上记笔记要讲究格式。一种常用的格式是：把笔记本的一页用竖线分成两部分，其中左边占三分之二，右边占三分之一。左边部分主要记录老师在课堂上讲解的内容，右边主要记自己的想法、疑问和自己查找的相关资料等。如图所示。

2/3	1/3
老师讲解的内容	1. 自己的想法 2. 疑问 3. 自己查找的相关资料

3. PQ4R 学习方法

PQ4R 学习方法是托马斯和罗宾逊提出来的，PQ4R 分别代表预览（preview）、设问（question）、阅读（read）、反思（reflect）、复述（recite）和复习（review）。也就是说我们在学习的时候首先要将学习的内容浏览一下，也就是预习，在预习的基础上提出问题。接着再仔细阅读所学习的内容并试图回答自己提出的问题。在阅读的时候要对学习内容进行反思，反思的内容包括：第一，与已有的知识相联系；第二，找出知识点与知识点之间的内在联系；第三，处理无关内容；第四，学以致用，试着通过联想将知识运用到类似问题情境中。反思过后要复述，要注意用自己的语言来表达学习的核心内容。最后是复习，可以帮助记忆，减少遗忘。

第二节　创造人生　学会思考

一、学会思考，开启未来

当历史迈进 21 世纪的时候，人类面临着严重的生存危机。这表现为能源危机、环境危机、人口爆炸危机、自然灾害危机以及金融危机等。从历史上看，任何危机都未能阻挡人类的生存与进步，但任何危机的摆脱和战胜又无不靠人类自身的智慧。有一些问题，还得依靠我们后人的智慧。江河断流，气温升高，石油枯竭，疾病丛生，这些看似难以征服的恶魔，都将惨败在人类创新思维的利剑之下。

思考是人类最具价值的东西。因此，在复杂的社会群体中，我们要冷静思考，理性地观察自然和社会，理性地思考人生。

哈佛大学 30 年前曾对当时在校的部分学生做过一个非常著名的调查。该项调查的对象是一群智力、学历、环境等条件都差不多的年轻人。调查结果发现：27%的人，没有目标；60%的人，目标模糊；

10%的人，有比较清晰的短期目标；3%的人，有十分清晰的长期目标。25 年的跟踪调查发现，他们的生活状况十分有意思……

3%——几乎都成了社会各界顶尖成功人士，他们中不乏白手创业者、行业领袖、社会精英。这些人 25 年来几乎不曾更改过自己的人生目标。

10%——大都生活在社会的中上层。其共同特点是那些短期目标不断地被达到，生活质量稳步上升。他们成为各行各业不可缺少的专业人士，如医生、律师、工程师、高级主管等。

60%——几乎都生活在社会的中下层面。他们能安稳地生活与工作，但都没有什么特别的成绩。

27%——几乎都生活在社会的底层，生活过得很不如意，常常失业，靠社会救济，常常在抱怨他人、抱怨社会。

思考：接受调查的这些哈佛大学的学生人生起点都差不多，25 年后为什么差别如此之大呢？

凡事预则立，不预则废。人生的成功首先在于策划的成功。这个策划当然就是对于人生的思考。我们中大多数人走一步算一步，很少对自己人生有个规划思考。要想取得成功，首先得对人生进行思考，只有先走出思考这一步，才会有以后的收获！

孔子有言："学而不思则罔。"大文学家朱熹在《观书有感》中写道："问渠那得清如许？唯有源头活水来。"思考正是这股活泼的清泉。只有不断地进行思考，我们的思想才不会像一潭死水，掀不起一丝的波澜。古往今来，一切政治上的改革、技术上的革新，都是思考的产物。20 世纪 70 年代末开始的中国改革开放就是如此。思考，就是一把万能钥匙，一切困难和疑团，在思考的面前，是藏不住身的。这，就是思考的魅力。

人，作为万物之灵长，伟大之处就在善于思考。

二、学会思考，任重道远

2006 年 1 月 9 日，在北京召开了第四次全国科技大会，这是我国继

1995年全国科技大会后的又一次科技盛会。会上，胡锦涛同志对来自全国各地的2000多名科技精英说，中国未来15年科技发展的目标是：2020年建成创新型国家，使科技发展成为经济社会发展的有力支撑。我们知道，创新的前提是必须学会思考。

来看几个触目惊心的数字：有资料显示，我国技术发明专利只相当于日本、美国的1/30，韩国的1/4。据2003年10月30日世界经济论坛公布的全球科技创新竞争力排名，前3名是芬兰、美国、瑞典，日本是第11位，德国第13位，韩国第18位，而中国是第44位。可见思维创新方面我们与别人的距离，学会如何思考乃我们的责任之重！

我们是新世纪的建设主力军，建设创新型国家的重任责无旁贷地落在我们肩上，要具备怎样的知识和能力才能担当这份责任呢？学会思考是一个必不可少的能力。

现代原子物理学的奠基者卢瑟福对思考极为推崇。一天深夜他偶尔发现一位学生还在埋头实验，便好奇地问："上午你在干什么？"学生回答："在做实验。""下午呢？""做实验。"卢瑟福不禁皱起了眉头，继续追问："那晚上呢？""也在做实验。"勤奋的学生本以为能够得到导师的一番夸奖，没想到卢瑟福居然大为光火，厉声斥责："你一天到晚都在做实验，什么时间用于思考？"

勤奋的学生却遭到斥责，看似委屈，实际上大师是在传授真经啊！很多时候人们宁可让岁月淹没在仿佛很有价值的忙碌之中，却极不情愿拿出时间进行思考，以至于思维总是在低水平的层次上徘徊，最终一无所获。

如果说智慧是创造的源泉，那思考便是智慧的起点。

思考：为什么卢瑟福会对这个勤奋的学生进行批评呢？他对学生的要求究竟是什么？

毛泽东的知识之所以十分渊博，就是因为他在小时候养成了不动笔墨不读书的好习惯。他小时候家里没什么藏书，经常向别人借书看。一次看书时，他在一本新书上圈圈画画，有些地方还写了批注，完全忘了这是借别人的书，直到要还时才发现。其实，读书圈点和批注的过程就是思考的过程。

思考：为什么说读书圈点和批注的过程就是思考的过程？

每个人每天的时间是一样的，但为什么若干年后成就大不一样呢？当然归结于不同的人有不同的思考！

孔子曾说过：学而不思则罔，思而不学则殆。这告诉我们，不论是读书还是教学实践，都要学会思考。面对学习生活中出现的问题，同学们只有积极思考才能找到合适的解决问题的办法。

思考是一种好习惯，它传承精华，弃除糟粕，孕育智慧。善于思考必定受益无穷。因为思考可以找到矛盾的症结，使僵化的思维方式疏通，构建新的思维理念。只有把握思考这个有力的工具，方能兼顾理论的验证和扩充，使我们的知识不断增长。大家不妨对自己身边的同学的学习情况进行比较：同样接受老师的教育，听老师讲同样的课，有的同学成绩很好，而有些同学明明学习很用功，书就是读不好。这是为什么？奥秘就在于能否会思考，会活学。

三、学会思考，体验成功

1. 承受磨炼，勤于思考

罗丹的雕塑《思想者》深受人们喜爱，也许正是因为《思想者》具有冥思苦索的神韵。这种神韵体现了《思想者》的本质特征。

1921年，毛泽东在长沙领导建党工作时，经常阅读《伦理学原理》。在这本仅有十多万字的书上，毛泽东在书头和空白处写下了一万二千多字的读书笔记。据说，他在湖南第一师范学校读书时，所写的读书笔记就有好几提篮。这些读书笔记是毛泽东勤于读书、勤于思考的最好见证。

思考：毛泽东之所以能成为伟人，与他自小养成勤读书、勤思考的习惯是分不开的。这对你有何启发？

哥伦布发现新大陆，一夜成名。有些贵族对此不满。在一次庆功会上，一名贵族当着哥伦布的面，说发现新大陆不过是碰巧，算不得什么成就。哥伦布没有反驳，而是拿起一个鸡蛋，问谁能将鸡蛋竖在桌上。众人纷纷尝试，无一成功。这时哥伦布拿过鸡蛋，轻轻敲碎底部，轻而易举地把鸡蛋稳妥地竖在桌子上。他说："这件事同样很简单，只是你们想不到而已。"

有一天，忙碌的爱迪生递给助手一个奇形怪状的玻璃瓶，说："尽快算出它的容积，我等着用呢！"助手取来尺子，比来比去地计算，两个小时还未能回话。爱迪生急了，让助手赶快取来瓶子，装满水，倒进量杯，指着刻度说："喏！这就是容积！"

思考：两个故事，一个道理。只要善于摆脱常规思维，善于推陈出新，从别人都注意不到的角度反弹琵琶出新意，就有可能赢得超群的成功。你的思维水平如何呢？

勤于动脑，无非就是多给自己些思考的机会吧。平时学习中，每门科目都需要我们勤于动脑。比如在做题目的时候，可能一道题目里涉及了多个知识点。若一时没有思路，千万不要气馁，与其向别人询问答案，何不自己再多动动脑筋呢？也许某个时刻大脑中灵光一闪，答案自然就出来了。

2. 享受快乐，乐于思考

伽利略说："思考是人类最大的快乐。"爱迪生说："不下决心培养思考习惯的人，便失去了生活中的最大乐趣。"爱因斯坦说："每当我脑子中没有什么特别问题需要思考时，我就喜欢重新验证我早已知道的数学和物理定理。这样做并没有什么目的，只是为了让自己有机会充分享受一下专心思考的愉快。"诚然，在思考中会碰到一些困难，有时思考一个问题要付出很大的精力，但我要告诉同学们，正是这样的思考，才让你有更大的收获，有更高的价值，你也会变得更坚强、更勇敢。

大家大概都有过这样的经历：做一道数学题，不多加思索，提笔就写。刷刷几笔写完，回过头看，才发现还有更简便的方法。其实同学们可以试试，在下笔前多思考几种解题方法，由此可以养成善于思考的习惯，这更有助于思维的开阔，解决问题也将更加敏捷。

3. 力求创新，善于思考

任何平凡的事情，只要用思考的眼光来看待它，定会有非凡的收获。苹果树上，一只红红的苹果掉了下来，牛顿思考后，发现了万有引力；

水烧开时壶盖被蒸汽顶起，瓦特思考后，发明了蒸汽机；山上长着锯齿般叶子的小草划破手指，鲁班思考后，发明了锯子……所有的发明，都只是因为有了思考。一个人如果不会思考，就不可能启迪智慧，求得真知，达到成功。

在日常的学习生活中要力求创新，善于思考，还要善于发现问题，提出问题。如果我们只能分析问题、解决问题，而不能发现问题、提出问题，那么只能永远跟在别人的后面。

当然，在思考过后要尽量将思考的内容转化为实践行为，才能更加有效地达到思考的目的。疑问和灵感稍纵即逝，如果没有及时把握住，那就永远都只是一种猜测。所以我们要善于把心中的疑问和灵感付诸实践。

有一位小朋友，做作业时常常找到了橡皮找不到铅笔，或者找到了铅笔找不到橡皮，觉得非常麻烦。“为什么橡皮和铅笔不能连在一起呢?”他发出了这样的疑问。他问得好，而他动手做得更好。带橡皮的铅笔最后由他发明了，而且还申请了专利。

思考：这个小朋友是怎么取得专利并获得成功的?

现实生活中有不少人为了学习而学习，缺少必要的思考。只是一味地学习，难免有数量没质量，结果可想而知。学习在于思考，也在于吸收。也有不少人，为了思考而思考，缺少必要的学习。只是一味地思考，没有一定的学习指导，结果思考钻进了死胡同，就难免是非不分。因学习而思考，你会感到充实；因思考而学习，使你更加明智。可见，学习与思考紧密结合，两者缺一不可。

四、学会思考，精彩人生

任何一个有意义的构思都出于思考，任何一个缜密的计划也都出于思考。相反，任何一个有疏漏的决定都因欠于思考，任何一个让自己后悔莫及的举动也都因疏于思考。如果遇到一些取舍不定的问题，我们能多问几个为什么，如果时时让自己大脑里有一个问号，那我们是不是会少了很多后悔，多了很多坦然？然而人生没有如果，正如我们不能让生活重新来过。

风风雨雨的生命路上，有许多现实问题，必须自己一一面对，必须自己一一解决。遇事的时候，让自己清醒理智地多想想，那你就会为自己留很多退路。不思考，盲目凭感觉做事，是对自己的不负责任。不会思考是可悲的，懒于思考是可恨的，不思考的人生就像静止的河水，虽然没有波浪，但也毫无精彩。

思考分主动思考与被动思考。所谓主动思考，是在做事情之前对事情未来的发展方向做了全方位周密的设想，考虑到了可能发生的种种情况，有了相应的对策与安排。所谓被动思考，则是在不利于己的相关事情发生后才去思考一些补救的方法。聪明的人主动思考，懒惰的人被动思考。成就一个人伟大事业的前提，就是懂得主动思考。思考是财富积累的第一步，也是财富升值保险的第二步。疏于思考的人凭经验盲目生活，或许你会暂时活得很轻松，但总有一天会因疏于思考付出极大的代价。

学会思考，我们才能客观地看待问题，我们才会知道生活中什么是大，什么是小，什么是主，什么是次，什么是重，什么是轻。学会思考，我们才会懂得取舍，懂得放弃；学会思考，我们才能做到笑看人生，游刃有余。勤于思考的人不是世故，而是经历人生历练后的从容。男生因为思考而变得成熟，女生因为思考而变得睿智。

用一副对联与同学们共勉：

宇宙一地球，藏煤炭，藏石油，越开发越少！

人脑两半球，有知识，有智慧，越开发越多！

1. 技能训练

图片上有 9 个圆点，请用一笔四条直线把 9 点连接起来，线与线之间不得断开，且每个点只能经过一次。画一画，你能突破自己的思维定势吗？

2. 学习周计划

如果每天有 86400 元进入你的银行账户，而你必须当天用完，你会如何使用这笔钱？其实，你真的拥有这样一个账户，那就是“时间”。每天你的账户上都会收到86400秒钟，你打算怎样用好每一秒钟对你的人生进行投资呢？

请从现在做起——只有从现在开始，培养良好的学习习惯，提高学习能力，才能铸就未来的辉煌！填写下面的每周学习计划表和学习计划审核表。

每周学习计划表

制订人：　　　　　　　　　　　　制定时间：

序号	一周学习目标	需要做的工作	按重要性排序	完成期限
1				
2				
3				
4				

学习计划审核表

个人签名：　　　　　　　　　　　　审核日期：

序号	目标	采取的行动	完成日期	未完成原因
1				
2				
3				
4				

我思我悟：

●本章回顾

1. 拓新学习观念，了解中职生常见的学习心理问题，并对自己的学习有比较清晰的认识。

2. 理解职校学习的特点，同时对自己的学习风格有所了解，从更好地挖掘自己潜能达到快乐学习、体验成功的目的！

3. 认识学会思考的意义及要求，养成勤思考的好习惯。

第七章　行之养成

第一节　规范言行　提高修养

一个人通过学习懂得许多道理是不够的，更重要的是在实践中把道理加以运用。行之养成，强调行之源、行之果，即要做到“知行合一”。中国古代思想家王阳明认为：“知”，主要指人的道德意识和思想意念。“行”，主要指人的道德践履和实际行动。因此，知行关系也就是指的道德意识和道德践履的关系，也包括思想意念和实际行动的关系。

王守仁的“知行合一”思想包括以下两层意思：

其一，知中有行，行中有知。王守仁认为知行是一回事，不能分为两截。他说：“知行原是两个字，说一个工夫”。从道德教育上看，他极力反对道德教育上的知行脱节及“知而不行”突出地把一切道德归之于个体的自觉行动，这是有积极意义的。因为从道德教育上看，道德意识离不开道德行为，道德行为也离不开道德意识，二者互为表里，不可分离。知必然要表现为行，不行不能算真知。道德认识和道德意识必然表现为道德行为，如果不去行动，不能算是真知。王守仁认为：良知，无不行，而自觉的行，也就是知。这无疑是有其深刻之处的。

其二，以知为行，知决定行。王守仁说：“知是行的主意，行是知的工夫；知是行之始，行是知之成。”他的意思是说，道德是人行为的指导思想，按照道德的要求去行动是达到“良知”的工夫。在道德指导下产生的意念活动是行为的开始，符合道德规范要求的行为是“良知”的完成。

王守仁（1472—1528），字伯安，号阳明，谥文成，浙江余姚人。明朝最著名的思想家、哲学家、书法家、军事家、教育家、文学家，官至南京兵部尚书、都察院左都御史。陆王心学之集大成者，非但精通儒家、佛家、道家，且能够统军征战，是中国历史上罕见的全能大儒。其学上承孟子，中继陆九渊，而形成为风靡时代中后期并与程朱理学分庭抗礼的阳明心学。其学说对我国明、清以至近现代的儒学有较大影响，且波及日本、朝鲜等国，成为东方文化的一个组成部分。

康德，德国哲学家、天文学家，星云说的创立者之一，德国古典哲学的创始人，唯心主义、不可知论者，德国古典美学的奠定者。康德非常严格自律，他可以达到那种境界：邻居可以用他的行动代替时钟。

思考： 康德的自律行为说明了什么道理？你可以从哪一点开始做起？

虽然我们不能达到康德的境界，但我们可以努力做到：从生活上来说，每天按时起床，锻炼身体，定期沐浴，从学习上来说，定时预习、复习，不缺课，把自己的生活规律化、制度化，用高远的理想和目标激励自己，用现实的残酷警醒自己。自觉自律很有必要。

一、知行统一，从学养一致开始

所谓学养一致，是指学习和养成习惯的一致统一。就是说，无论在日常生活中还是在学习过程中，我们都要把所知道的道理加以运用，从而养成好的生活习惯和学习习惯，为将来走上工作岗位能够养成好的职业习惯打下坚实的基础。

那么，如何才能做到学养一致，从而达到行之养成呢？

（一）文明是日常行为中的一种习惯，好习惯要在生活中培养

1. 文明的含义

文明是指人类所创造的财富的总和，特指精神财富，如文学、艺术、教育、科学等，也指社会发展到较高阶段表现出来的状态。文明是人类审美观念和文化现象的传承、发展、融合和分化过程中所产生的生活方式、思维方式的总称，是人类开始群居并出现社会分工专业化，人类社会雏形基本形成后开始出现的一种现象。

2. 文明的分类

文明是较为丰富的物质基础上的产物，同时也是人类社会的一种基

本属性，它是人类在认识世界和改造世界的过程中所逐步形成的思想观念以及不断进化的人类本性的具体体现。因此，文明分为物质文明、精神文明和政治文明三种类型。

（1）物质文明是人类改造自然界的成果，具体表现为人们物质生产的进步和物质生活的改善，是精神文明的物质基础，对精神文明特别是其中文化建设起决定性作用，物质文明的性质为生产方式所决定。

（2）精神文明是人类在改造客观世界和主观世界的过程中所取得的精神成果的总和，是人类智慧、道德的进步状态。

（3）政治文明指人类社会政治生活的进步状态和政治发展取得的成果，主要包括政治制度和政治观念两个层面的内容。

（二）文明是日常行为中的一种习惯，好习惯要在实践中培养

在实践中养成习惯，要不断身体力行，使习惯成自然。陶行知先生的生活教育理论非常重视在做中学。因此，他主张在做中养成习惯，即在实践中养成习惯。

叶圣陶是这样解释“习惯成自然”的：“成自然就是不必故意费什么心，仿佛本来就是那样的意思。”他举例道：“走路和说话是我们最需要的两种基本能力。这两种能力的形成是因为我们从小就习惯了，‘成自然’了；无论哪一种能力，要达到习惯成自然的地步，才算我们有了那种能力。如果不达到习惯成自然的程度，只是勉勉强强地做一做，就说明我们还不具有那种能力。”“通常说某人能力不强，就是说某人没有养成多少习惯的意思。比如说张三记忆力不强，就是张三没有把看见的、听见的一些事物好好记住的习惯。说李四表达能力不好，就是说李四没有把自己的思想和感情说出来的习惯。因此，习惯养成得越多，那个人的能力就越强。做人做事，需要种种能力，所以最要紧的是养成种种的习惯。”良好学习习惯形成的过程，是严格训练、反复强化的结果。

（三）文明是日常行为中的一种习惯，要抓住学养一致的关键期

文明习惯养成不是生而有之的，是通过长期实践获得的，说得通俗点就是得管住自己，要克制自己并时刻提醒自己。所谓习惯养成，就是久而久之的行为，就形成了习惯。特别是学生的教育成长阶段，通过一系列的规范、养成、活动等，帮助他们形成自觉的文明习惯，从而形成自觉行为。

美国研究发现，养成一个习惯需要21天。也就是说，教育孩子养成一种好习惯至少要21天的时间。但是，如果已经养成一种坏习惯，要纠正孩子的这种坏习惯，需要花费的时间却比21天要多。这就要求在改坏习惯的过程中要有毅力。

（四）好习惯要培养，坏习惯要纠正，纠正坏习惯要有毅力

在《钢铁是怎样炼成的》一书中有这样的情节：有一次，保尔参加青年团员们的争论：人能不能克服已养成的习惯，如吸烟？保尔说："人应该支配习惯，而不是习惯支配人。"当时有位青年嘲笑说："保尔就会说漂亮话……问他自己抽不抽烟？抽的。他知不知道吸烟没有好处？知道的。可是戒掉呢——又戒不掉。"保尔听后，马上将口中正抽着的烟卷拿下来揉碎，说："从今天以后，我绝不再抽烟。"从此，保尔戒掉了几乎是从儿童时代就养成的抽烟习惯。

思考： 你有哪些你认为不可能改正的坏习惯？如果一定要你改正这些坏习惯，你想采取哪些措施？

二、养成一个好习惯就是改掉一个坏习惯

文明是道德修养的一个组成部分，是一个人自身素质的一部分。养成一个好习惯就是改掉一个坏习惯。那么，如何才能做到养成好习惯、改掉坏习惯呢？

（一）要重视学习，让学习成为一种习惯

《论语》有句名句"学而时习之"，可见中国古代对"学习"的认识已经很深，学习成为了一种生活方式。学生的时代是长知识的好时期，其主要任务就是学习，而且学习也是通往未来的必由之路。每一位学生都想长大后做一个对社会有用的而且是事业有成的人，因此，在学期间养成一个良好的学习习惯非常重要。

匡衡，出身于农民家庭，生活十分贫困。他从小就很渴望读书，可是父母没有能力供他上学，甚至连书本也买不起，匡衡只好向别人借书来看。某天晚上，匡衡很希望在睡前读一读书，但由于家中穷得连灯油也没有，根本没法点灯读书。正当匡衡发愁时，忽然发现丝丝的光线正从墙壁的缝隙中透射过来，原来这是邻居的灯光。匡衡心生一计，便用凿子把那小缝挖大成一个小洞，然后捧着书，倚在墙边，利用那点微弱的光线阅读。从此，匡衡每晚就借邻居的灯光埋首苦读，最后成为了著名的学者。

（二）要善于学习，让学习成为一种能力

学习方法，是通过学习实践总结出的快速掌握知识的方法。因其与掌握知识的效率有关，越来越受到人们的重视。学习方法，并没有统一的规定，因个人条件不同，选取的方法也不同。因此，在学习过程中要对自己的学习阶段、能力水平、兴趣爱好等方面进行正确分析，找出真正适合自己的学习方法。善于学习本身也是一种能力。

（三）要懂得学习，让学习成为一种追求

当今社会，终身学习已经成为一种趋势和必然。终身学习是指社会每个成员为适应社会发展和实现个体发展的需要，贯穿于人的一生的持续的学习过程。终身学习，讲的是人一生都要学习。从幼年、少年、青年、中年直至老年，学习将伴随人的整个生活历程并影响人一生的发展。

在青少年的成长过程中，要经历学习、生活、人际交往等生活的方方面面，学习将成为他们的主要经历，其他的一切都围绕着学习过程而展开。而学会学习，学会从生活中获得“养分”，让学习成为一种毕生受用的能力，确实是一种境界。

当然，有时候道理好讲，做却难做。对于别人的成功，或许许多人会说：“其实我也会。”也许我们在学习的过程中要经常问问自己：我的方法对吗？

第二节　融入团队　成就人生

著名的教育家苏霍姆林斯基说过：集体是教育的工具。管理学家罗宾斯认为：团队就是由两个或者两个以上的相互作用、相互依赖的个体，为了特定目标而按照一定规则结合在一起的组织。正所谓：“一个好汉三个帮，一个篱笆三个桩。”任何人想要实现目标都需要他人的帮助与支持。

在动物世界里，有一个生存法则，那就是——优胜劣汰！个头小的动物，如何才能成为那个“优”呢？一只野牛重达2吨，一只狼重百十斤，野牛的重量是狼的几十倍。但是，百十斤却战胜了2吨的庞然大物。这是为什么呢？因为狼是群居动物，狼群有组织，成团队，肯配合，能互助，而野牛往往是孤立独处的。

思考：如果把你比作一种动物，你最喜欢做什么？为什么？如果把你比作一种植物，你最喜欢做什么？为什么？

一、打造团队意识，加强集体观念

英国著名的思想家、唯物主义哲学家和科学家培根曾经说过：集体的习惯，其力量更大于个人的习惯。

（一）团队意识的概念

作为中职生，集体主义、团队意识是成长过程中一个非常重要的习惯培养。

所谓集体主义，是指在个人利益与集体利益一致的基础上，对个人利益与集体利益相互促进、相互依存的反映。坚持集体利益高于个人利益，在保证集体利益的前提下，充分尊重和保障个人利益。当个人利益与集体利益发生矛盾时，个人利益应当服从集体利益。

所谓团队意识，简单来说就是大局意识、协作精神和服务精神的集中体现。团队精神的基础是尊重个人的兴趣和成就，核心是协同合作，最高境界是全体成员的向心力、凝聚力，反映的是个体利益和整体利益统一，并进后而推动团队的高效率运转。团队精神本身并不要求团队成员牺牲自我，相反，挥洒个性、表现特长保证了成员共同完成任务目标，而明确的协作意愿和协作方式则产生真正的内心动力。

只有在共同体中，个人才能获得全面发展其才能的手段。也就是说，只有在共同体中才有可能有个人的自由。——马克思、恩格斯

2004年6月，拥有NBA历史上最豪华阵容的湖人队在总决赛中遇到14年来第一次闯入总决赛的东部球队活塞。赛前，很少有人相信活塞队能够坚持到第七场。从球队的人员结构来看，科比、奥尼尔、

马龙、佩顿，湖人队是一个由巨星组成的“超级团队”，每一个位置上的成员几乎都是全联盟最优秀的，再加上传奇教练菲尔·杰克逊对球队的整合，在许多人眼中，这是20年来NBA历史上最强大的一支球队，球队在总决赛中败北只存在理论上的可能性，更何况对手是一支缺乏大牌明星的平民球队。

然而，最终的结果却出乎所有人的意料，湖人几乎没有做多少抵抗便以1∶4败下阵来。湖人失败的原因是：OK组合的成员相互争风吃醋，都觉得自己才是球队的领袖，在比赛中单打独斗，全然没有配合；马龙和佩顿只是冲着总冠军戒指而来的，根本就无法融入整个团队，也无法完全发挥其作用。缺乏凝聚力的团队如同一盘散沙，其战斗力自然也就大打折扣。

思考：明星效应在什么情况下作用最大？

（二）如何培养团队意识

1. 要培养表达与沟通的能力

毫无疑问，在一个团队中表达与沟通能力是非常重要的。

在沟通过程中，首先要学会倾听，了解团队其他成员的真实意愿；其次要善于表达，不论你做出了多么优秀的工作，不会表达，不能让更多的人去理解和分享，那就几乎等于白做。

信息表达公式：传递一个信息＝7％措辞＋38％语气＋55％表情

2. 培养主动做事的品格

每一个人都有成功的渴望，但是成功不是等来的，而是靠努力做出来的。辩证唯物主义认为，具有主观能动性是人区别于动物的根本特点。同时，人们认为，积极主动是人的天性。人应该具有积极主动承担的能力和品格。但是，由于人性的弱点，抑或是人性中的惰性等因素作怪，有些人总寄希望于“天上掉馅饼”。因此，人的积极主动需要不断磨炼和培养。

3. 培养敬业的品格

敬业，是一种品质。在我国古代，思想家、教育家孔子就把这种对待工作的态度称为“执事敬”，地理学家、思想家朱熹对敬业的解释是“专心致志，以事其业”。敬业，几乎成为所有的团队都要求其成员具有的品质。有敬业精神，才能把团队的事情当成自己的事情，有责任心，才能发挥自己的聪明才智。个人命运与所在的团队、集体紧密联系在一起。集体习惯的形成是一种文化，个人的价值只有在集体中才能得到体现。

4. 培养宽容与合作的品质

当今世界已然进入了“你中有我，我中有你”的竞合格局，即各利益集团之间既有竞争又有合作，昨天还可能为了各自利益成为竞争对手，今天又可能为了谋求更大的利益而成为合作伙伴。

同时，由于团队成员的成长环境、学历背景、生活习惯、地域特色不同等原因，人们必然在交往中具有个体差异性。因此，在人际交往过程中培养宽容与合作的品质就成为一门必修课。

同学们喜欢的体育赛事：8 个人划的赛艇，9 个人打的棒球，6 个人打的排球，11 个人踢的足球。这些项目，左右胜负的关键都在于合作。有趣的是，假如合作不好，那么，尽管有不少明星选手也未必能够获胜。

思考：这说明了什么？明星球员的作用是什么？

实际上，我们的团队也由多人组成，10—15 个人做一项工作，是需要每个人都发挥自己的作用去共同完成的。比如通信专业的流水作业之一——综合布线，从拿到电缆、水晶头等原材料直到布线完成，也是每个工种通过分工合作才可以完成的。这时，团体协作就更显重要了。彼此协作共同完成了几件产品，比起一个人在这一操作中完成几道工序或钻几个孔重要得多。

5. 培养全局意识、大局观念

全局意识，顾名思义，就是指能够从客观整体的利益出发，站在全局的角度看问题、想办法，做出决策。唯物辩证法认为，任何事物都不是孤立存在的，都与周围的其他事物、现象、过程这样或那样地联系着，事物联系的普遍性和多样性要求我们在认识事物时，要尽可能从各个方面来把握事物的联系，坚持全面看问题的思想方法，反对形而上学和片面性。

因此，作为个人一定要有大局观念，在团队合作的过程中，要正确处理好个体与集体的关系，处理好局部与整体的关系。

一日，嘴对鼻子说："尔有何能，而位居吾上？"鼻子说："吾能别香臭，然后子方可食，故吾位居汝上。"鼻子对眼睛说："子有何能，而在我上也？"眼睛说："吾能观美丑，望东西，其功不小，宜居汝上也。"鼻子又说："若然，则眉有何能，亦居我上？"眉毛说："我也不愿与诸君相争，我若居眼鼻之下，不知你一个面皮，安放哪里？"

二、依靠团队力量实现自我

一滴水只有放进大海里才永远也不会干涸，一个人只有当自己和集体事业融合在一起的时候才最有力量。这是雷锋日记里记载的一句话，充分体现了个人与集体的关系。

在团队中，个人与团队的关系是相互依赖、相辅相成的。一方面，个人的成长离不开团队，在现代社会中，社会分工使个人的劳动成为了社会劳动，人们要生存和发展，离不开他人的支持和帮助，因此，个人对团队的依赖性会越来越高；另一方面，团队的成功也离不开个人的奉献，团队由个人组成，团队中的大小事情也是由每个个体去完成，完成的质量好坏很大程度上取决于个人能力的高低。正所谓"大河涨水小河满""水涨船高"，说的也是这个道理。个人只有融入团队协作，其价值才能达到最大化。

酷热的天气，山坡上的草丛突然起火，无数蚂蚁被熊熊大火逼得节节后退。火的包围圈越来越小，蚂蚁似乎无路可走了。然而，就在这时，出人意料的事发生了：蚂蚁们迅速聚拢起来，紧紧地抱成一团，很快就滚成一个黑乎乎的大蚁球。蚁球滚动着冲向火海。尽管蚁球很快就被烧成了火球，在噼噼啪啪的响声中，一些居于火球外围的蚂蚁被烧死了，但更多的蚂蚁却绝处逢生。

思考：从小蚂蚁的逃生过程中你得到了什么启示？

必须明确团队与个人的如下关系：一是团队大于个人。二是团队协作的本质是共同奉献。三是团队合作下的个人潜能才能发挥到最大。四是团队协作的核心就是协同合作。

我思我悟：

●本章回顾

1. 知中有行，行中有知，知行统一。

2. 学会沟通，培养团队意识。

第八章　俭之养成

节俭是我们中华民族的传统美德，作为新世纪的青年应把这一宝贵精神财富保存下来并发扬光大，使我们的节俭意识得到升华与提高；使我们的生活更加美满幸福；使我们的国家和民族更加充满活力、充满希望。

第一节　节用于内　树德于外

古人云："俭，德之共也；侈，恶之大也"，"历览前贤国与家，成由勤俭破由奢"。小到一个人、一个家庭，大到一个国家、整个人类，要想生存，要想发展，都离不开勤俭节约这四个字。可以说修身、齐家、治国都离不开勤俭节约。朱子将"一粥一饭，当思来之不易；半丝半缕，恒念物力维艰"当作"齐家"的训言；毛泽东以"厉行节约，勤俭建国"为治国的经验。

古今中外勤俭节约的故事不胜枚举。毛泽东要求别人做的自己首先做到。他一生粗茶淡饭，睡硬板床，穿粗布衣，生活极为简朴，一件睡衣竟然补了 73 处、穿了 20 年。经济困难时期，他自己主动减薪，降低生活标准，不吃鱼肉、水果。20 世纪 60 年代，有一次他召开会议，到中午会议还没有结束，他留大家吃午饭，餐桌上摆一大盆肉丸熬白菜、几小碟咸菜，主食是烧饼。伟人在勤俭节约方面为国人做出了表率。

一、节约是一种美德

俭就是俭朴，指厉行节俭、反对浪费，珍惜劳动成果，用钱有节制，不铺张浪费，自己动手创造劳动财富。

节俭这一美德并不是一成不变的，它会随时代的变迁和社会的进步而发展。南京路上好八连以前的"三件宝"是草鞋、纸糊信封、针线包，现已被学习包、贮存各种资料的 U 盘、帮助官兵消费的阳光卡"三件宝"所代替。

如今，许多年轻人都淡忘了节俭这一美德。一段时间以来，节约不再被认为是美德，却被当成小气、抠门的同义词。衣服旧了换新的、饭吃剩了就倒掉……节俭这一美德千万不能丢，我们一定要肩负起发扬这一美德的使命！

（一）节俭是一个人良好个人修养的体现

三国时诸葛亮曾在《诫子书》中说过："静以修身，俭以养德。"说的是靠培养俭朴的作风来培养品德，体现出节俭对于提高自身修养的重要作用。事实上，自古以来，凡品德高尚者，大都注意勤俭节约。北宋著名政治家、文学家范仲淹官至参知政事，仍保持富不忘贫、贵而能俭的品德。明代清官海瑞死后，点其行囊，只有"俸金八两，葛布一端，旧衣数件"，其俭素之德令人赞叹。周恩来总理以"简朴"为座右铭，成为令人敬佩的领袖。不难看出，节俭对于修身养德是大有裨益的。

范仲淹小时候家里很贫穷。为了节省粮食和节约时间，他每天早上熬了一小锅粥，等冷下来结成块，带到学校去当干粮。到吃饭时用刀划成四块，上午吃两块，下午吃两块。范仲淹在困境中坚持发奋读书，终成大事。朱熹赞其为"有史以来天地间第一流人物"。

（二）节俭对于治理国家有极其重要的作用

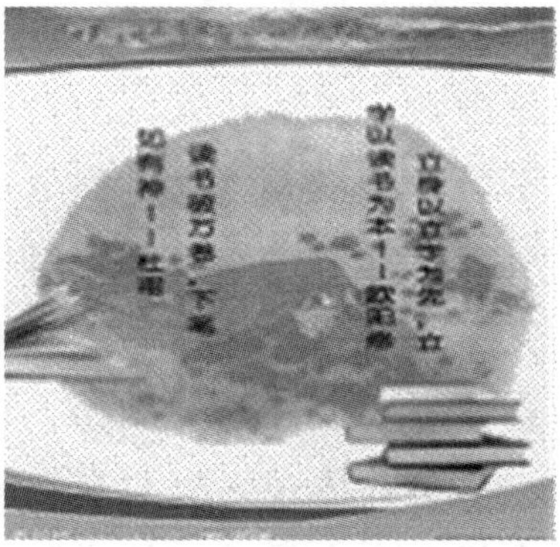

欧阳修云："下之用力者甚勤，上之用物者有节。民无遗力，国不过费。"意思是说，节俭利于家邦。明太祖朱元璋抑奢倡俭，使得国家富强，人民安居乐业。与此相反，清代慈禧太后穷奢极欲，铺张浪费，致使大清朝走向衰亡。无论什么社会制度，节俭对于治国的重大作用是显而易见的。我国正处于社会主义初级阶段，生产力水平相对落后，人民生活水平还不够高。因此，节俭对于建设社会主义祖国的意义就显得极为重大。试想，如果一个国家，从政府到人民，都以铺张浪费相尚，国家岂能不亡？民族岂能长存？

二、节俭是一种生活态度

只有当节俭成为一种生活态度，成为一种生活方式，成为发自内心的需要的时候，我们才离真正的节约型社会不远了。

（一）节俭≠苦日子

大多数人一听到“节俭生活”，直觉反应就是要过苦日子，或认为这是“穷人的专利”。事实上，节俭是种生活态度，与其说是省，不如说是理性的适度消费。省钱达人张伟明表示，以他自己为例，他不穷也不缺钱，之所以一家三口省钱过日子，是因为将节俭当成一种生活态度。他们完全不如外界所想象的，必须饿肚子或受委屈。相反，节俭生活让他们觉得相当踏实，甚至能从各种省钱智慧中获得许多乐趣。对他们来说，这样的日子正是时下最流行的“乐活”。

（二）省到就是赚到

有句名言：“赚一块钱不能算赚，省一块钱才是真正赚一块钱。”也就是说，很会赚钱还不够，要能把钱省下来、存下来，才是真正赚到钱。许多人认为，开源是减缓经济压力的关键，这个观念固然没错，但如果忽略了节流，无法有效控管开支，即使赚进再多的钱，还是无济于事。现代人大多具备理财观念，却经常忘记节俭的重要，事实上，财富是从小钱累积而成，虽然每天省下的几十块钱看似不起眼，但时间一久就能成为一笔资金。

（三）节俭如同减重

面对物价的上涨，许多人都想要力行节俭，但真正能持之以恒的却是少数。省钱达人认为，节俭其实就像减重，随时随地都不能放松，才不会前功尽弃。大多数人在花大钱的时候，因为金额大会仔细思考，但对于日常生活的小钱，却花得毫不手软，这无形中增加了许多不必要的支出。因此，任何一笔花费都应该认真盘算，任何一笔小钱能省都应该省，只要抱持这种观念，自然而然就能持之以恒地实践节俭。

节约体现人类对自然规律的尊重：为了个人的健康，我们提倡节俭，为了整个人类的“健康”，我们需要节俭。节俭和生活水平无关，是一种生活态度。

三、节俭是一种习惯

节俭是美德，是智慧，养成节俭的习惯可使我们终身受益。可以从以下几方面促进节俭习惯的养成。

（一）家长、教师言传身教培养孩子节约习惯

一次，记者到一个名叫工藤的朋友家中做客。他是日本一家大公司的部长，家中只有一个孩子。记者与工藤聊天时，听见他的独生子正在另一个房间要求妈妈买一套滑雪衫。按照中国人的观念，宝贝儿子要买衣服并不过分，但工藤夫人却不答应。儿子再三请求，工藤夫人最后只答应给儿子买一套二手的，理由是滑雪衫一年也用不上几次，没必要买新的。

小时候，每当孩子没吃完自己盘子里的饭时，父母会呵斥说，剩饭会遭报应的。到别人家做客，更不宜在盘碗里剩饭菜。这种家庭教育，现在仍然应该提倡。除家庭外，学校也应加大力度向孩子们灌输节约的观念。比如，当一批孩子毕业时，学校可以呼吁学生和学生的家长将还能够继续穿用的校服捐赠给学校，供新生使用。这样做，其实都是言传身教培养孩子养成节约习惯。

（二）借助媒体宣传，让节俭观念深入人心

推动人们增强节约意识，也是媒体的社会责任。各媒体可以经常举办一些以节约为主题的寓教于乐的现场直播活动，如一些电视台举办的各种“抠门大赛”，社会反响就不错。被日本媒体称为“吝惜道祖师”的小幡玻矢子就是从这样的比赛中脱颖而出，成为日本的节约明星。一些媒体还专门开办节目，介绍日常生活中许多实用的节约方法，如肥皂寿命延长术（使用比肥皂小的肥皂盒，或让肥皂斜立在肥皂盒里，不用肥皂时尽量避免让它淋水，这样能延长肥皂寿命）；不伤玉手的超级洗洁剂（米糠洗洁剂）；自制芳香剂（冲泡过的咖啡渣）等。这样的节目人气非常高，可以带动很多人发明新的节约办法。例如给抽水马桶中放入盛满水的瓶子，每次放水可以节省一瓶水；给空的冰箱中填入密闭的空的容器，或在每一隔层加帘子，减少冷空气的散失，以节约电能。

（三）政府和企业在节约活动中起表率作用

政府和企业要在节约活动中起表率作用。

要想让老百姓树立节约意识，政府官员的表率作用最有说服力。对老百姓喊一万遍节约口号，远不如官员身体力行的节约行为有影响力。

松下电器公司国际事业部的清治一久先生告诉记者，日本的节约重点正在向更高的层次发展，主要是通过开发新技术、新材料，向降低资源能源消耗、提高资源的循环使用率方面转变。在日本的电器商店，每一种产品的标签上不仅要标出该产品的耗电量，而且还要标明每年节电折算出的具体金额数，让消费者可以清楚地知道能省多少。

让节俭成为一种自动自发的习惯，不靠外人监督，无需制度约束，这应该是当前企业成功的法宝，也是迫在眉睫的任务。

节俭是中华民族的一种传统美德，自古以来人们都认可节俭的重要性，相信有中华文化五千年的根基存在，只需加强重视，当可让节俭观念深入人心。

第二节　厉行节俭　引领风气

历史和现实告诉我们：一个没有勤俭节约、艰苦奋斗精神作支撑的国家是难以繁荣昌盛的；一个没有勤俭节约、艰苦奋斗精神作支撑的社会是难以长治久安的；一个没有勤俭节约、艰苦奋斗精神作支撑的民族是难以自立自强的。

观察我们的周围，浪费现象时时可见：没关紧的水龙头，白天亮着的电灯，吃一半就扔掉的馒头……在我们这样有 13 多亿人口的国家，如果每人浪费一点资源，汇总起来就是巨大的浪费，如果每人节约一点资源，加起来就是一笔巨大的财富。节约是一种美德，节约应该成为一种风气。

从我做起，从现在做起，牢固树立节约意识，从节约一张纸、一滴水、一度电、一粒粮入手，以实际行动把节约落到实处。

一、厉行节俭，是应对资源短缺的最重要选择

现在有一些人，把节俭看作小气抠门，把浪费当成促进消费。这些人完全忘记了我们资源匮乏的国情。我国耕地、淡水、森林、石油和天然气等重要资源的人均占有量，分别只有世界平均水平的 1/3、1/4、1/5、1/10 和 1/22。在全国 600 多个城市中，已有 400 多个城市供水不足。“天育物有时，地生财有限，而人之欲无极。以有时有限奉无极之欲，而法制不生其间，则必物暴殄而财乏用矣。”这是唐朝诗人白居易的资源危机观。

厉行节俭，是应对资源短缺的最重要选择。今天，对水荒、电荒、

煤荒、油荒有切肤之痛的我们，应比白居易更加具有节俭的紧迫感。

（一）节约用水用电，从我做起

1. 节约用水

世界上水的总储量约有14亿立方公里，平铺在地球表面上约有3000米高。地球表面70%被水覆盖，因此有人把地球说成是蓝色星球，又叫水球。地球上的水97.2%分布在大洋和浅海中，这些咸水是人类无法直接利用的（要利用就要海水淡化，成本高）。陆地上两极冰盖和高山冰川中的储水占总水量的2.15%，目前也无法直接利用。余下的0.65%才是人类可直接利用的。从数字上可看出，水是丰富的，但可利用的淡水资源是极其有限的。

人类用水量中，25%消费于工业，70%以上消费于农场和牧场。农业是用水矛盾最突出的领域。当今世界的水资源分布十分不均。除了欧洲因地理环境优越水资源较为丰富以外，其他各洲都存在严重缺水地区，最为明显的是非洲撒哈拉以南的内陆国家，那里几乎没有一个国家不存在严重缺水的问题。公元前每天人均耗水约12升，中世纪时人均耗水增加到20—40升，18世纪增加到60升，当前发达国家一些大城市人均每天耗水500升。在发展中国家，对水的需求量也日益增加，为水而引发的争端时有发生。

随着世界人口剧增和工农业生产迅速发展，用水量猛增，全球水资源危机日益严重。据联合国统计，目前全世界已有100多个国家和地区生活用水奇缺，危及20亿人口的生存。

水是生命之源，没有水就没有生命。成年人体内含水量占体重的65%，人体血液中80%是水。如果人体减少水分10%便会引起疾病，减少20%—22%就要死亡。人体中的水调节体温，促进新陈代谢，输送营养物质，排除废物，忙碌而有秩序。同时，水也参加化学反应，与蛋白质、糖、磷脂结合，发挥复杂的生理作用。一个健康成人，每天平均要喝2200毫升水，再加上体内物质代谢产生的内生水300毫升水，总共2500毫升，每天经皮肤和粪便排除与此相等数量的水。这是生命的象征，也是生命的内容。

淡水对人类如此重要，淡水资源又是如此有限，节约用水，刻不容缓。

2. 节约用电

我们必须养成节约用电的好习惯，以下介绍几种节约用电的小常识。

关于空调：空调温度调至25℃人体感觉舒适，调温过低不但费电，且使人不适；保持过滤网清洁；空调启动时最耗电，不要常开常关；依据住房面积确定选购的型号，制冷量大了造成电力浪费；由于“冷气往下，热气往上”，空调安装位置宜高不宜低；空调别加装稳压器，因为稳压器是日夜接通线路的，空调不用时也照样耗电。

关于冰箱：冰箱宜放置在室内温度最低、空气流通、不受阳光直射的地方；开门次数要少；存放食品，要待食品凉到室温后再存入冰箱内；及时化霜，冷凝器、冷冻室要保持清洁，以利散热。

关于电视：控制亮度，一般彩色电视机最亮与最暗时的功耗能相差30瓦至50瓦；控制音量，音量大，功耗高，每增加1瓦的音频功率要增加3瓦至4瓦的功耗；加防尘罩，防尘罩可防止电视机吸进灰尘，灰尘多了就可能漏电，增加电耗。

关于电饭锅：煮饭时，只要熟的程度合适即可切断电源，锅盖上盖条毛巾，可减少热量损失；煮饭时应用热水或温水，可省电30%；电饭锅用毕立即拔下插头，既能减少耗电量，又能延长使用寿命。

（二）爱惜粮食，远离浪费

中国的粮食安全问题，一直是国际社会关注的问题。经过长期不懈的努力，中国在粮食安全方面取得了巨大的成效，2012年粮食人均占有量达432公斤。但是，中国要实现中长期粮食安全仍面临诸多挑战，如传统的粮食生产方式日益难以为继；工业化、城镇化与农业发展争夺资源的竞争日趋激烈；粮食生产比较利益低下、成本和机会成本上升的问题凸显等。因此，除了继续加大农业投入，促进农业持续增长外，爱惜粮食、杜绝浪费就显得尤有必要。

联合国把每年的10月16日定为世界粮食日，我国把世界粮食日的那一周定为节粮周。我们要开展各种爱惜粮食、节约粮食的主题活动。每个同学都要拿出实际行动，为国家分忧，把爱惜粮食、节约粮食的活动扎扎实实地开展下去。具体的做法有：珍惜粮食，适量定餐，避免剩餐；不攀比，以节约为荣，浪费为耻；吃饭时吃多少盛多少，不扔剩饭剩菜；做节约宣传员，向家人，亲戚，朋友宣传浪费的可怕后果；不偏食，不挑食；到饭店吃饭时，点饭点菜不浪费，若有剩余要带回家；积极监督身边的亲人和朋友，及时制止浪费粮食的现象。

树立“节约粮食光荣，浪费粮食可耻”的观念，节约每一粒粮食，抵制和反对浪费粮食的行为，养成勤俭节约的良好风尚。

（三）节约能源，减少浪费

中国人均石油资源储量匮乏，人均拥有石油可采资源总量和人均产量相当于世界平均水平的1/5。近年中国经济保持持续高速增长，由于经济增长速度与石油消费量之间呈高度正向相关关系，预计今后几年中国石油消费量将继续保持较高增长态势。比较保守地估计，2020年需求量达到3.8亿吨，缺口达到1.6亿吨。中国石油消费对国际市场的依赖程度将越来越大。这就要求我们必须节约用油，减少石油的使用率。

此外，我国的煤炭资源有限，现已探明的储量，仅供开采100年，而我国的发电主要靠煤炭。这就要求我们务必节约用电。

二、无形的节俭等于效率的提高

要达到节俭，还有一个很重要方法，那就是珍惜时间，提高效率。节俭的一个最好方法就是保证质量，“一次做对”。

这里所说的质量包括产品质量和工作质量。“一次做对”所实现的成本节俭风暴已经是各大企业不断追求的目标。“一次做对”不仅仅是一种理念的创新，更是一种实践上降低成本的捷径。像机械行业的企业，从产品设计到工艺明细，再到车间生产，每一环节，“一次做对”都尤为重要。重复劳动既拖延工期，又浪费人力物力。不浪费工作时间，将自己最重要的工作集中于黄金时间来完成，提高工作效率。

三、节俭行动进行时

（一）制度——遏制公务浪费的关键

人民网大型调查专栏《态度》调查显示，商务宴请和政府公务吃喝的浪费现象最为严重，“不花自己的钱不心疼”和政府问责不到位是主因；而“面子”文化是普通居民浪费的主因。“一种比较可靠持久的规则和制度的约束，是遏制‘三公消费’铺张浪费的关键。”财政部财政科学研究所所长贾康在“强国论坛”与网友交流时说。有关人士强调：“厉行勤俭节约，要把握好两个原则，一要做到公事公办、私事私办、公私分明。二是公款消费要按照规定，厉行节约，反对浪费。公款浪费说到底是监督缺失，必须从制度上进行健全完善，让遵守规定、厉行节约的人受到褒奖，让违反规定、铺张浪费的人付出代价，营造节俭光荣、浪费可耻、文明消费的社会风气。”

对于校园而言，要鼓励环保节约，反对污染浪费。应实行“两型”校园建设责任制，开展节水、节电行动。养成随手关电源、随手关闭水龙头的习惯，做到人走灯灭、人离水断；养成不乱吐乱扔、垃圾分类的好习惯：严格控制公务性开支，压缩会议和不必要的活动；压缩印刷费、复印费和行政开支，杜绝重形式、讲排场、摆阔气等不良风气。只有建立了根本的制度，我们才能做到有章可循；只有做到有章必循，建设“两型”校园才有可靠的保障。毫无疑问，通过广大师生的共同努力，环保节约的意识是可以培养的，环保节约的习惯是可以养成的。待师生环保节约意识形成之时，习惯养成之日，也就是“两型”校园建成之时。

（二）教育——节俭习惯养成的关键

现在的年轻人没有挨饿的经历，对节俭缺少切身体会。在全社会掀起节俭之风的时候，不能忽视对下一代的相关教育，而家庭是孩子勤俭习惯养成的主要环境。对孩子勤俭品质的教育，家长首先要以身作则，让孩子在潜移默化中养成勤俭的习惯。新学期开学第一天，许多学校都通过主题班会、文艺表演、图片文字宣传等形式，对学生进行勤俭节约教育。老师应该千方百计地让孩子们懂得，节约应该从小事做起，从节约一张纸、一滴水做起，把节约当成一种责任和使命。很多家长也认为，这种教育很有必要。不少家长表示，学校对学生进行勤俭节约教育很及时，但不应仅仅停留在校园内的宣传和倡议上，可以通过城乡学校结对、走访等形式，让城市的学生多走出去，走进乡镇农村去体验生活，从中学习和实践勤俭节约。他们认为：勤俭节约不能光说不做，必须让孩子了解到生活的真实面貌，才能学会从我做起，厉行节约。

（三）坚守——厉行节俭须持之以恒

有的人认为，反对铺张浪费可能就是刮一阵风，“风头”一过，照样山珍海味肆意挥霍。有些浪费则变得更加隐蔽：招待用的高档烟酒变换一种包装，包装变了，价格没有变；高档酒店换成内部食堂，地点变了，档次没有变。这是对厉行节约精神的变相违反。厉行节俭是一项常态化工程，涉及各行各业各单位，需要各级各部门齐抓共管，常抓不懈。现在电视上经常播报关于提倡勤俭节约的新闻，揭露铺张浪费的丑恶行径，起到很好的警醒作用。一家餐馆的负责人说：“自从开展厉行节约、反对铺张浪费以来，我们生意大受影响。但从大的方面讲，这是好事，应该提倡。”

我思我悟：

●本章回顾

1. 了解节俭的相关故事，体会节俭的意义。
2. 学会节俭，养成节俭习惯。

第九章　情之养成

近年来，情绪智力及相关的概念——情绪智商，成为国内外心理学家所关注的热点之一。情绪智力的培养或形成，以及在社会生活中的重要意义，已引起不同领域专家、学者的广泛注意。

第一节　驾驭情绪　快乐未来

一、我知我情，主宰人生

在心理学上，“踢猫效应”是这样说的：一个父亲在公司受到了老板的批评，回到家就把正在沙发上跳来跳去的孩子臭骂了一顿。孩子心里窝火，狠狠去踹身边打滚的猫。猫逃到街上，正好一辆卡车开过来，司机赶紧避让，却把路边的孩子撞伤了。这就是心理学上著名的“踢猫效应”，描绘的是一种典型的坏情绪的传染。人的不满情绪和糟糕心情，一般会随着社会关系链条依次传递，由地位高的传向地位低的，由强者传向弱者，无处发泄的最弱小的便成了最终的牺牲品。其实，这是一种心理疾病的传染。调查发现，生气、别扭、闹情绪……是导致工作时间大量流失的“罪魁祸首”。因此，我们需要认真对待情绪管理。在进行情绪管理之前，需要对情绪有以下三个认识：

一是每个成功的组织或个体都有独特的情绪。现在人才招聘最普遍的一个要求就是“有团队精神”，而所谓的团队精神就是整个组织情绪的一个感情有机体。每个成功的组织或者企业，比如海尔、奇瑞，都有自己独特的情绪：主动、挑战、激情、创新、执著、抱负、信任、正直。只有这些积极的情绪与个人的情绪产生共振和互动，才能发挥个人最佳的才能，组织才能获得最佳的表现。

二是每个组织或个体的情绪都是可以管理的。情绪是内在对外在的一种自然的反应，是很正常的，通过科学的方法是可以进行管理的。首先要认识到我们每个人都有情绪，高兴、沮丧、兴奋、失落、积极、消极、幸福、悲伤等，外界发生的事情会影响我们的情绪。这些情绪出现的时候，通过及时察觉、冷静分析、巧妙驾驭，是可以对这些情绪进行管理的。

三是情绪管理可以提高组织和个人绩效。情绪是内心的可知感受经由身体表现出来的状态，是一种重要的生命资源，因此，对个人来说，管理好自己的情绪就是管理好自己的生命资源。不良的情绪、过度的情绪反应以及对情绪过度放纵导致的不理智行为，都是职场危机的根源，也是身心健康的幕后黑手。对管理者来说，企业中不好的情绪需要管理，好的情绪需要引导其发挥更大作用，只有对情绪进行合理的管理和引导，才能实现团队和个人的相互促进。

二、情绪是什么

心理学对情绪的定义是：个体对本身需要和客观事物之间关系的短暂而强烈的反应，是一种主观感受、生理反应、认知的互动，并表达出特定的行为，是人们对客观事物能否满足自己需要的一种主观体验以及所产生的身心激动状态。人类基本情绪类型有喜、怒、哀、惧。

从这个定义我们知道：一是情绪是本身对外界的一种自然反应。情绪没有好坏对错，只是本身需要对客观事物的反应，而且人人都有喜怒哀乐等情绪，因此要主动接纳自己正在发生的情绪，不去批判和怀疑它。二是情绪是感受与认知的一种内在互动。正面或负面情绪的出现，是自身对需求得到满足或者没有得到满足时的一种生理反应。因此任何一种情绪的背后，都对应着自身感受与主观认知的一种互动。三是情绪会转化为一种特定的行为。情绪是由外而内的感受、互动，然后又由内而外地表现、行动。即，外界环境影响并产生情绪，而情绪又会通过特定的表情、语言以及动作表现出来。

情绪的产生是一种自然的反应，本身没有好坏，但是不同的情绪所引发的行为则会带来不同的后果。人有情绪并不可怕，重要的是懂得如何去疏导和管理，形成积极的情绪。

三、驾驭情绪万花筒

人生犹如波涛汹涌的海洋，人就是那航海的船，而情绪无疑就是那船上的帆。只有适时调整帆的方向，也就是学会控制自己，才能避免有可能发生的“船毁人亡”。让我们一起来学习如何更好驾驭自己的情绪吧！

这是一个中职生的来信。来信说：“我这人，整天不高兴，觉得自己每天都碌碌无为，而且还会给别人造成麻烦。我的性格比较内向，也不太爱说话。其实我也想像别人一样，性格开朗，善于言谈，但我却不知与同学说什么。我想说的，我所想的，总觉得与其他同学不一样。所以我不愿与同学说话，总觉得别人都看不起我，这种心情一直困扰着我。我会把自己做错的事、别人也许并不在意的事反复思量，认为自己太笨，因而很难过，甚至会在别人没看到的时候哭，总是处于苦闷状态。晚上睡觉时，我会想起一天里发生的事。如果有不顺心的事，我会一直想，并且会非常难过，这样我就非常难以入睡。睡不着，我会想明天上课会打瞌睡影响学习，这样我就更难过了。我非常痛苦，心情压抑、郁闷，甚至不想活下去了。给您写信的时候是我最痛苦的时候、最难受的时候。我想向您倾诉，想问我的心理是否有病，是否应找心理医生来看看。我真不知道该怎么办才好。”

思考：这位中职生来信中诉说的是一种什么情绪？怎样帮助她摆脱困境？

（一）认知调控法

情绪反应产生于主体认识到刺激的意义和价值之后。对同一刺激，不同的认知和评价会引起不同的情绪反应。古希腊哲学家埃皮克迪特斯有一句名言：“人不是被事情本身所困扰，而是被其对事情的看法所困扰。”认知调控法是指：当不适度、不恰当的情绪反应出现时，个人理智地分析和评价所处的情境，正确地分析引起情绪反应的主客观原因，理清思路，冷静地做出应对。

小田是一名高中一年级学生，独生女，聪明活泼，个性好强。上高中前与父母同住，父母对她较为宠爱，在各方面都尽量满足她的要求，同时对她的期望也很高。她从小学一年级起年年都被评为三好学生，在同学面前一直有一种优越感。

上高中后，她住进了学校，进了重点班，同时也当上了班干部。

父母对她有了更高的期望，她对自己也信心十足。然而在期中考试的排名中，她却没能进入前十名。这对她来说犹如当头一棒，父母也对她加以训斥。她在家赌气、哭闹，上课也不愿发言，在做班级的工作中经常与同学产生矛盾，为一些小事向教师哭诉，以致同学们都不愿理睬她。她每天下课就离开班级，独自一人呆在操场上，感觉这个班集体容不下她。小田由活泼开朗变得郁郁不乐，学习成绩下降。

思考： 小田学习成绩下降的原因是什么？

（二）情绪宣泄法

情绪宣泄法是指当人处于较激烈的情绪状态时，采取直接或间接的方式表达其情绪体验与反应。简单来说，就是当情绪体验处于激烈状态时，选择适当的场合，该哭就哭，该笑就笑，该叫就叫，合理地宣泄激烈的情绪。对于生活中遇到的各种矛盾冲突，以及其他事件引发的不良情绪，应适当控制。但控制不是无限制地抑制自己的情绪反应，而是尽早开辟良性宣泄的渠道，如向亲朋好友倾诉，找个没人的地方痛哭一场，参加剧烈的体育活动等，以释放多余的能量。坦率地表达内心强烈的情绪，可以使宣泄者的心理压力得以减轻，心情会平静、舒畅些，与情绪体验同步产生的生理反应也能较快地恢复正常。

谢峰是个女孩，虽然起了个男孩名，可这个名字也许没取错，她做起事来风风火火，同寝室的姐妹们亲切地称她为“疯（峰）丫头”。大一的谢峰也到了情窦初开的年纪，她心中的白马王子就是同一年级的郭涛。郭涛高高的个子，一副乖乖的模样。他和谢峰也很合得来。在一次郊游中谈起同学的性格时，郭涛对谢峰说：“你做什么都好，就是缺点淑女风度，要能像个安安静静的小姑娘就更好了。”说者无意，听者有心，谢峰决定改掉自己“假小子”作风，做个标准的淑女。她开始尽量控制自己的情绪，即便同学们有时讲了很幽默的笑话，她也不笑出声来，说话也慢条斯理的。同学们都说她变了一个人似的。她听了蛮高兴，但同时也觉得心里憋得慌。她感叹：“这些天来都快把我憋疯了，做一个淑女真的就那么难吗？”

思考： 如何解决谢锋“憋得慌”的问题？请给予一些合理建议吧！

（三）情境转移法

日常生活中，有许多事会使人产生过于愤怒或过于狂喜的情绪。愤怒的情绪对人的身心健康是不利的。人在愤怒时，交感神经兴奋，心跳加快，血压上升，呼吸急促，经常发怒的人易患高血压、冠心病等疾病。愤怒还会使人缺乏食欲，消化不良，导致消化系统疾病。而对一些已有疾病的患者，愤怒会使疾病加重，甚至导致死亡。对此古人早有认识，如中医认为“怒伤肝”“气大伤神”等。愤怒时因为情绪处于激动之中，还可能引发其他不理智的情绪，比如自以为是、妄下结论等，这些都可能使事态向更严重的方向发展，甚至会对别人造成伤害。可见，愤怒于己于人都不是什么好事，所以要想办法控制自己的情绪。比如，可以出去走一走，听听音乐，或者和谈得来的朋友在一起聊聊天，干点儿自己喜欢的事，让心情慢慢恢复平静。愤怒会伤身，我们容易理解，却往往忽略“欣喜若狂”也同样有损人的身心健康。所以，我们要学会管理自己情绪，不让自己的情绪大起大落。

一天，林肯正在办公室整理文件，陆军部长斯坦顿气呼呼地走了进来，一屁股坐到椅子上，一句话也不说。

从以往的经验看，林肯知道他肯定是又遭人指责了。“怎么了？发生了什么事？给我说说，说不定我能给你出出主意。”林肯笑着对斯坦顿说。

斯坦顿像是找到了发泄的对象，对林肯一阵咆哮：“你知道吗？今天有位少将竟然用那种口气和我说话，那简直是侮辱，他所说的事根本就不存在啊。”

斯坦顿满以为林肯会安慰他几句，痛骂那名少将几句。但林肯并没有这样做，而是建议斯坦顿写一封信回敬那位少将的无礼。

“你可以在信中狠狠地骂他一顿，让他也尝尝被指责的滋味。”

“还是你想得周到，我非得大骂他一顿不可，他有什么权利指责我呢？”斯坦顿立刻写了一封措辞激烈的信，然后拿给林肯看。

林肯看完以后，对斯坦顿说：“你写得太好了，要的就是这种效果，好好教训他一顿。”林肯把看完的信顺手扔进了炉子里。

斯坦顿看到自己写的信进了炉子，责问林肯："是你让我写这封信的，那你为什么把它扔进了炉子里呢？"

林肯回答说："难道你不觉得写这封信的时候你已经消了气吗？如果还没有完全消气，就接着写第二封吧。"

思考：林肯的处事方法给我们怎样的启示？

（四）目标升华法

愤怒是一种强大的心理能量，挫折也是磨砺意志成就伟绩的机遇，如果能将其升华，它能带给人力量，甚至是激昂的生命力；如果使用不当，则可能伤人害己。因此，要注意培养远大的人生理想，更多地从大局、从长远去考虑事情，要有远大的目标。当前进中遇到挫折产生愤怒情绪时，应将其转变为成就事业的强大动力，切不可计较眼前区区小事的得失，以免"捡芝麻丢了西瓜"，妨碍自己对理想、事业的追求。

司马迁是我国西汉的大文学家、史学家。

公元前108年，司马迁任太史令，他如饥似渴地阅读皇家图书馆里的藏书、档案，整理和考证历史资料。那时的文字都刻在木简上或写在丝绢上，有时一部书就要堆满一间屋子，读书是很不容易的。公元前104年，他开始写《史记》。

天汉二年（公元前99年），正当司马迁全身心地撰写《史记》之时，却因李陵事件得罪了皇帝，遭宫刑，被投进监狱。他在狱中身体受到严重摧残，曾产生过自杀的念头，但又觉得"人固有一死，或重于泰山，或轻于鸿毛"，如果就这样轻易死去，《史记》由谁来完成呢？他决心活下去，一定要把《史记》写完！

50岁那年，司马迁被释放出狱。他更加奋发，把全部心血都倾注到写《史记》中去。他用了14年的时间，终于写成了这部50多万字的著作。《史记》是我国的第一部通史，一共写了3000多年的历史，其中有揭露帝王作恶的文章，也有歌颂奴隶起义的故事。这是司马迁用毕生的精力、艰苦的劳动写出的一部伟大著作。鲁迅对《史记》的评价是："史家之绝唱，无韵之《离骚》。"

思考：司马迁忍辱负重写《史记》的故事给你怎样的启示？面对生活中的困难与挫折，你觉得应该如何应对？

第二节　知恩感恩　激励一生

落叶在空中盘旋，谱写着一曲曲感恩的乐章，那是大树对滋养它的大地的感恩；白云在空中飘荡，绘画着一幅幅感人的画面，那是白云对哺育它的蓝天的感恩。

人的一生，受恩不断。小而言之，自小领受父母的养育之恩，上学得到老师的教育之恩，工作后有领导、同事的关怀、帮助之恩，年纪大了接受晚辈的赡养、照顾之恩；大而言之，作为单个的社会成员，我们都生活在一个多层次的社会大环境之中，都从这个大环境里获得了一定的生存条件和发展机会，也就是说，社会这个大环境是有恩于我们每个人的。

因为感恩才会有这个多彩的社会，因为感恩才会有真挚的友情，因为感恩才让我们懂得了生命的真谛。感恩，说明一个人对自己与他人和社会的关系有着正确的认识；报恩，则是在这种正确认识之下产生的一种责任感。让我们一起体味感恩生活故事，养成知恩感恩的情怀与胸襟。

一、学会感恩，与爱同行

有这样一个儿子，他是个大款。母亲老了，牙齿全坏掉了，他开车带着母亲去镶牙。一进牙科诊所，医生就开始推销他们的产品，母亲要了最便宜的那种。医生一边看着大款儿子，一边耐心地给他们讲解好假牙与假差牙的本质不同。可是令医生非常失望的是，这个看似大款的儿子无动于衷，只顾着打电话抽雪茄。医生拗不过母亲，同意了她的要求。这时，母亲颤巍巍地从口袋里掏出一个布包，一层一层打开，拿出钱交了押金，一周后再准备来镶牙。

两人走后，诊所里的人开始大骂这个大款儿子，说他衣冠楚楚，吸的是上等的雪茄，却不舍得花钱给母亲镶一副好牙。正当他们义愤填膺时，大款儿子回来了，他说："医生，麻烦您给我母亲镶最好的烤瓷牙，费用我来出，多少钱都无所谓。不过您千万不要告诉她实情，我母亲是个非常节俭的人，我不想让她不高兴。"

那天，佳芬跟妈妈吵架之后什么都没带就只身往外跑。可是，走了一段路，佳芬发现，她身上竟然一毛钱都没带！她走着走着，肚子饿了，看到前面有个面摊，香喷喷的，好想吃！可是，她没钱。过一会儿，面摊老板看到佳芬还站在那边，久久没离去，就问："小姐，请问你是不是要吃面？""可是……可是我忘了带钱。"佳芬不好意思地回答。面摊老板热心地说："没关系，我可以请你吃呀！来，我下碗馄饨面给你吃！"不久，老板端来面和一些小菜。佳芬吃了几口，竟然掉下眼泪来。"小姐，你怎么了？"老板问。"没有啊，我只是很感激！"佳芬擦着泪水，对老板说道："我们不认识，你只不过在路上看到我，就对我这么好，愿意煮面给我吃！可是……我自己的妈妈，我跟她吵架，她竟然把我赶出来，还叫我不要再回去！……你是陌生人都能对我这么好，而我自己的妈妈竟然对我这么绝情！……"老板听了，委婉地说："小姐，你怎么会这样想呢！你想想看，我不过煮一碗面给你吃，你就这么感激我，可你自己的妈妈煮了10多年的面和饭给你吃，你怎么不感激她呢？你怎么还可以跟她吵架？"佳芬一听，整个人愣住了！是呀，陌生人请吃一碗面，我都那么感激，而我妈一个人辛苦地养育我，煮了10多年的面和饭给我吃，我怎么没有感激她呢？而且，只为了小小的事，怎么就和妈妈大吵一架呢？匆匆吃完面后，佳芬急匆匆往家赶，想真心地对妈妈说："妈妈，对不起，我错了！"当佳芬走到家巷口时，看到疲惫、焦急的母亲正四处张望……看到佳芬时，妈妈就先开口说："阿芬呀，赶快回家吧！我饭都已经煮好，你再不赶快回去吃，菜都凉了！"此时，佳芬的眼泪夺眶而出……

思考：两则案例中的一对母子与一对母女分别向我们展示了怎样的情怀？

（一）感恩生命，孝敬父母

同学们，我们从哪里来？听到这个问题，大家肯定都会说，是父母把我们带到世界上来的。是啊，当我们来到世上的那一刻起，父母就多了一项繁重的工作——照顾我们。尽管这是一种沉重的负担，但父母们却毫无怨言地抚养我们长大。为了给我们一个舒适的生活环境，他们总是那么辛苦，那么努力。小的时候，我们总把这当作天经地义的事，因为我们不了解父母的辛苦。现在我们长大了，知道该怀着一颗感恩之心去体谅父母，应该担当起照顾、孝敬父母的责任。

俗话说“滴水之恩，当涌泉相报”，更何况父母、亲友为我们倾注心血、精力，付出的简直就是一片汪洋大海。我们是否在父母劳累后递上一杯暖茶，在他们生日时送上一张贺卡，在他们失落时奉上一番问候与安慰？又是否察觉到那缕缕银丝、丝丝皱纹？感恩需要用心去体会，去报答。接下来让我们一起品味几则美丽的故事吧！

三国时有一个孝子，姓孟，名宗，字恭武。孟宗从小就丧了父亲，家里十分贫寒，母子俩相依为命。长大后，母亲年纪老迈，体弱多病。不管母亲想吃什么，他都想方设法满足她。一天，母亲病重，想吃竹笋煮羹。但这时正是冬天，冰天雪地，风雪交加，哪来竹笋呢？他无可奈何，想不出什么好的办法，就跑到竹林抱竹痛哭。哭了半天，只觉得全身发热，风吹过来也是热的。他睁眼一看，四周的冰雪都融化了，草木也由枯转青了，再仔细瞧瞧，周围长出了许多竹笋。他的孝心感动了天地。他把竹笋煮羹让母亲吃了，母亲的病就好了。

东汉时的黄香，是历史上公认的“孝亲”的典范。黄香小时候家境困难，10 岁失去母亲，父亲多病。闷热的夏天，他在睡前用扇子赶打蚊子，扇凉父亲睡觉的床和枕头，以便让父亲早一点入睡。寒冷的冬夜，他先钻进冰冷的被窝，用自己的身体暖热被窝后才让父亲睡下。冬天，他穿不起棉袄，为了不让父亲伤心，他从不叫冷，表现出欢呼雀跃的样子，努力在家中造成一种欢乐的气氛，好让父亲宽心。

思考：你能说说自己身边的“孝子故事”吗？

中国有句古语：“百善孝为先。”意思是说，孝敬父母是各种美德中占第一位的。一个人如果父母都不孝敬，就很难想象他会热爱祖国和人民。“谁言寸草心，报得三春晖”，父母的恩情深似海，我们要时刻怀着感恩的心，努力回报我们的父母。

（二）感恩老师，勤奋学习

每个人成长路上除了得生身父母关爱之外，还蒙受老师的教导之恩。居里夫人作为有名的科学家，曾两次获得诺贝尔奖，但当她在会上看见自己的小学老师时，马上用一束鲜花表达自己的感激之情；伟人毛泽东也同样在佳节送上对老师的一份深深感激。自古以来的伟人无不有着一颗感恩的心。感恩不需要惊天动地，只需要你的一句问候，一声呼唤，一丝感慨。

1959 年 6 月，毛泽东回到阔别 32 年的故乡韶山，他特意邀请自己在私塾读书时的教师毛禹珠一起用饭，席间热情为老师敬酒。毛禹珠不胜荣幸，感慨地说：“主席敬酒，岂敢岂敢！”毛泽东笑盈盈地回答：“敬老尊贤，应该应该！”

1959 年，朱德在云南政治学校礼堂看戏。开演前，一位年逾古稀的老人由服务员引着走了进来，朱德一眼便认出老人是自己早年在云南陆军讲武堂学习时的教官叶成林。朱德急忙起身向前，立正敬礼，礼毕又紧紧握住老人的双手将座位让给老人，待老人坐定后，自己才坐下。

杜正香，南坝小学学前班中班代课老师。在汶川地震挖掘现场，我们看到，她趴在瓦砾里，头朝着门的方向，双手紧紧地各拉着一个年幼的孩子，胸前还护着三个幼小的生命。她用自己的肩背为孩子们挡住了坠落的横梁。

思考：故事中的两位伟人的举动表达了怎样的情怀？如果是你，你将怎样表达“谢师情”？读了有关杜正香的报道，你有何感受？

二、学会感恩，奉献文明

我们要感谢父母对我们一路走来的扶持，我们要感谢老师的谆谆教诲，我们要感谢朋友一路陪伴我们走过风风雨雨，正因为我们要感谢的人太多太多，所以我们应在心里默默祝福所有人。

孟子曰：“爱人者，人恒爱之；敬人者，人恒敬之”；“助人者，人恒助之”；“与人为善，成人之美，舍得善之心”。感恩苍生，感恩万物，“感恩”是一种不同于“感谢”和“感激”的字眼，这是一种真正发自内心深处的态度与情怀。

> 蒙牛集团总裁牛根生是一个懂得感恩的人。他得益于伊利集团前总裁郑俊怀的知遇与提拔，从洗瓶工人坐到了集团副总经理的位置上，却因与郑俊怀的矛盾而离开了伊利，创建了6年销售200亿元的蒙牛神话。当郑俊怀入狱家中急需救助时，昔日的竞争对手没有忘恩，给郑家资助了近30万元，供其子女读书，给老人治病。

思考：读完以上小故事，你有何感想？

其实，感恩就像阳光一样，不仅给受恩的人以温情，更给施恩的人自己以无限温暖。每个人都要懂得感恩，学会感恩。

总之，常怀感恩之心，我们就可以逐渐原谅那些曾和你有过结怨甚至触痛你心灵的那些人，会使我们已有的人生资源变得更加深厚，使我们的心胸更加宽阔宏远。从我们发出第一声嘹亮的哭声起，我们要感谢的人就一个一个在我们成长的路上出现，我们要感谢为我们付出的所有过客。怀着一颗感恩的心，去看待你周围所有的人。感恩嘲笑你的人，是他们，激炼了你的自尊；感恩伤害你的人，是他们，磨炼了你的意志；感恩鼓励你的人，是他们，让你信心十足；感恩授予你知识的人，是他们，照亮了你前进的道路；感恩哺育你的人，是他们，让你丰衣足食。

学会感恩，你将会发现自己是多么快乐，放开胸怀，让霏霏细雨洗刷你心灵的污染。学会感恩，会让我们的心胸更加宽广，会让我们心无旁骛地享受生活！

我们认为：“人们的情感是生活的一部分，只有真正地以完全尊重的态度理解人们情感的时候，大家的生活才被真正重视。自我的情绪管理教育对情绪认知及情绪表达具有重要意义。”

感恩永远是美丽的话题。感恩是一种对恩惠心存感激的表示，是每一位不忘他人恩情的人萦绕心间的情感。感恩是一种处世哲学，是生活中的大智慧。感恩可以消解内心所有积怨，感恩可以涤荡世间一切尘埃。

感恩是一种生活态度，是一种品德，是一片肺腑之言。同学们，大家想到什么悟到什么，让我们一起分享吧！

我思我悟：

●本章回顾

1. 了解情绪的相关科学知识，情绪管理的意义与方法。

2. 学会知恩，懂得感恩，这是一种高尚的情绪。让我们将知恩感恩养成习惯，化为情操！

第十章　增强安全意识　实现幸福安康

第一节　安全教育　深入人心

一、安全的概念

安全是人类发展过程中有普遍意义的命题。随着时间的推移、转换以及科技、文化、经济等方面的发展进步，安全的内容也在不断变化。但不管安全的内容如何变化，安全在过去、现在、将来都是永恒的主题。了解、学习安全知识具有极其重要的现实意义和深远的历史意义。

1. 安全的定义

《现代汉语词典》对“安”字的第 4 个释义是：“平安；安全（跟‘危险’相对）”。对“安全”的解释是：“没有危险；平安”。通俗地说：安全就是使人的身心健康免受外界因素影响所形成的结果。安全的定义又分为广义与狭义：狭义的安全是指人类的个体与周围的环境的相容性。相容性好，表明生存环境非常宽容，人们幸福安康富足；广义的安全是指人类的生存环境——地球的生态安全，包括来自宇宙的多种复杂的天文危险隐患的识别。

2. 校园安全

学校安全工作是全社会安全工作十分重要的组成部分，它直接关系到青少年学生能否安全、健康地成长，关系到千千万万个家庭的幸福安宁和社会稳定。

1990 年世界卫生组织发布报告，在世界大多数国家中，意外伤害是儿童青少年致伤、致残的最主要原因。在我国，学龄儿童的意外伤害多数发生在学校和上学的途中，而在不同年龄的青少年中，又以 15～19 岁意外伤害的死亡率最高。

校园安全问题已成为社会各界关注的热点问题。有专家认为，通过教育和预防，80％的意外伤害事故是可以避免的，这就要求我们对安全教育要有足够的认识。保护好每一个学生，使发生在他们身上的意外事故减少到最低限度，已成为学校教育和管理的重要内容。

2008 年 7 月 15 日上午，齐齐哈尔市克东县宝泉镇保卫学校的 21 名学生自发组织到郊外游玩。11 时 30 分许，在经过宝泉镇四合铁路大桥下一条河流时，一名程姓女生到河边洗手时不慎滑入水中，其他学生见状急忙下水营救。由于水深，5 名学生不幸溺水身亡。

思考：对于这类事件，同学们认为应该如何预防？

二、安全的功能

安全对我们每个人来说都非常重要，不论你是什么身份，为了我们的家庭幸福和社会的和谐发展，都应知道安全，熟悉安全。

目前我国每年死于各类事故的有十余万人，同时造成了巨大的经济损失。现在大多数人已感悟到安全的重要性，知道它是社会、学校的头等大事，是国家和人民永恒的主题。

三、安全的要素

安全要素主要有两部分组成，一是安全标准形成需要的条件，二是人在发展安全过程中形成的安全的保障条件。前者是安全要素内涵，后者是安全要素外延。

安全两字给我们的启示：“安”且“全”。安全需要全面的安全，安而不全则至少有不少的安全隐患，全而不安，则无从谈起安全，有违安全的界定。要形成安全，必须具备人、财、物三个条件。也就是说人、财、物是构成安全的三要素。人是三要素中的核心要素，安全的核心是人，安全对象的主体也是人。安全要靠人去实现，人通过制订规章制度、操作规程，投入安全经费，改造设备设施，构筑安全环境等，来达到这一目的。财和物都是安全的基础条件，购置安全设备设施，做好防护栏墙，打好坑道支撑，检测食品成分等，都必须有钱有物。

人们在普遍认识安全的本质、安全的重要性等的同时，为发展安全作出努力，制订保障安全的措施，拓展、延伸了安全要素，成为三要素的外延。

2008 年 10 月 6 日上午，洛阳市十六中一栋两层教学楼一楼的立柱突然倒塌，一名 13 岁初中生不幸被砸中，当场身亡。倒塌的立柱里面没有发现一根钢筋。

思考： 校园安全不容忽视，除学校本身需注意建筑安全外，我们在日常生活中也要注意什么？

四、安全教育的意义

青少年学生的生命安全和健康成长，涉及亿万家庭的幸福和正常教育教学活动的开展和实施。保障他们的安全，是家庭和学校的首要职责，也是全社会的共同责任，是构建社会主义和谐社会的重要基础，责任重于泰山。必须明确几点：

一是开展安全教育有利于青少年的健康成长。培养学生做合格、守法的公民；教导学生学会用法律武器保护自己和他人；引导学生学习更多的安全防范知识，学会自我救助。

二是开展安全教育有利于社会环境的净化。提供健康信息的传播和接受；提供良好的精神食粮——书籍。

三是开展安全教育有利于增强各级各类学校的责任感。青少年学生正在成长之中，相当一部分学生还不具备足够的安全意识和自我保护能力，需要学校、政府和全社会的精心爱护、保护。学校的根本任务是培养人才，学校的一切任务是为了学生们的健康成长。确保学生生命安全是教育战线实现好、维护好、发展好人民群众根本利益义不容辞的重大责任，是办好让人民群众满意的教育的基础和前提。

第二节　注重安全　幸福平安

当代学生是祖国的未来，民族的希望，肩负着中华腾飞的重任。青少年学生的顺利成长关系到党和国家的前途和命运。青少年学生要在校园学习生活中加强自我保护、自我防范意识，安全圆满地完成学业，成为国家有用之材。

一、校园安全事件及应对

(一) 学校盗窃案件的特点和手段

一是溜门盗窃。利用这种盗窃手段而实施盗窃的发案地大多在学生宿舍，作案分子利用门未锁而溜进宿舍进行盗窃。学生宿舍一般是几个人同住一室，相互间有很大的依赖性，在安全防范上大多数有麻痹的心理。同学们为了避免自己和他人的财产不受损失，要养成随手拿钥匙、随手锁门的好习惯，也要有一份责任感，对自己负责，对其他人负责。

二是顺手牵羊盗窃。利用这种作案手段而实施的盗窃案件多发生在教室、图书馆、食堂等公共场所。同学们在生活中应时刻提高防范意识，在公共场所不要将自己的东西放在某处就离开或打瞌睡，书包及物品要随身携带，也可请同学看管，不给犯罪分子以可乘之机。

三是利用钥匙入室作案。作案分子主要利用以前作案时盗得的钥匙或事先配好的钥匙开门入室盗窃。

四是利用信用卡（存折）进行盗窃。这类盗窃案件的作案分子大多是利用同学、朋友的特殊关系而得到被害人的信用卡（存折）及其密码，伺机进行盗窃。

同学们要提高自己的防范意识，在日常生活中不泄露银行卡等密码，同时也要尊重他人的隐私。现金和贵重物品不要放在明处，大量现金要立即存入银行，随用随取，身上只留些零用钱，少量现金和贵重物品要锁在柜子里或随身携带。这样可以避免不法侵害的发生。

(二) 集体活动及体育运动损伤安全

学校集体活动牵扯到方方面面，很多细节问题都会对安全造成影响。

1. 产生原因

学校集体活动出现安全问题的主要原因有：学校安全管理设施不完善；教师的安全意识不够全面；学生的自我保护意识不够强；有的学生不听从老师的指挥和指导。

2008 年 12 月 16 日上午，重庆市合川区龙市中学发生学生踩踏事故。当天中午 12 点左右，歌咏比赛结束，下楼的学生和上楼的学生在综合教学楼一楼楼梯口相遇，发生拥挤，不少学生倒地，被踩踏受伤。

思考： 当我们在拥挤的场合时，需要注意哪些问题？如果发生踩踏事件，应该如何保护自己？

2. 防范措施

（1）报告会、演讲会、运动会安全防范。

第一，一切行动听从指挥，切忌私自做主、随意行动；第二，进场、离场保持良好秩序；第三，不随意触摸、移动会场的电线、电器；第四，在会场内不吸烟，更不能玩火；第五，一旦发生意外，要保持冷静。

（2）外出参观安全防范。

第一，服从统一指挥，听从安排，不私自行动；第二，按照事先安排好的参观计划进行活动；第三，参观过程中一定要遵守参观单位的有关规章制度。

（3）上课下课人员集中上下楼安全防范

课间人员集中上下楼，切忌拥挤，避免发生踩踏事件。上下楼要保持良好秩序，互相礼让。

（4）体育课人身伤害安全防范。

把握当日的身体状况。若出现如下状况，应该终止运动或改做轻度运动：睡眠不足；有过度疲劳感；醉酒；受强精神刺激；感冒、痢疾或其他身体不适；使用药物后。此外，运动前要做好准备活动，需要时应佩戴好各种体育护具，如足关节的护踝、肘关节的护肘等。一旦出现意外，要尽快送医治疗。

（三）校园意外伤害

校园意外伤害指体育课、课间活动中发生的意外伤害，既包含躯体组织的损伤或功能障碍，也包括精神创伤或心理障碍。意外伤害不等同于意外事故，意外事故是指潜在有害的、无意识的、意料之外的突发事件。意外伤害的发生原因及危险因素是可以弄清楚的，因而可加以预防和控制。

青少年比较缺乏自我保护能力，是最容易受到伤害的群体。导致悲剧发生的一个重要原因，是同学们欠缺安全防卫知识，自我保护能力弱。如果学生本身对安全伤害的因素熟视无睹，势必会造成安全问题。因此要加强校园意外伤害的预防措施，各班级在每周的养成教育中应以不同的主题来提醒学生进行预防。同时进行意外伤害保险，这样可以规避和转移校园安全风险。同学们也要自觉接受安全教育，提高自我保护能力，防止意外伤害的发生。

李某（女，16 岁）与张某（男，17 岁）均为某中专二年级学生。某日晚自习前，张某将一条蛇带到学校玩耍。出于恶作剧，张某将蛇放在李某的手臂上，李某吓得尖叫着跑开，被课桌绊倒。同学将其扶起，李某大哭着跑出了教室。老师点名时发现李某不在，便向同学询问，得知李某被吓后跑出教室一直未归，即刻通知其父母一起寻找。次日凌晨，才找到正无目标游走的李某。经某医科大学鉴定，李某患了心因性精神障碍，其发病与被惊吓直接相关。为此，李某用去费用 6000 元左右。

思考：本案例中的责任应该由谁负？

二、日常生活安全常识

（一）交通安全，至关重要

随着改革开放的进一步深入和市场经济的迅猛发展，我国交通运输事业发生了日新月异的巨大变化，与此同时也给交通安全带来了极大的压力。据统计，我国交通事故死亡人数是世界上最多的。这些无辜者的生命，这些惨重的代价，给我们鸣起了警号、敲响了警钟——“交通安全，人人有责；从我做起，身体力行！”

亲爱的同学们，为了你的安全和幸福，为了他人的安全和幸福，请你一定要走好自己脚下的每一步路，自觉遵守各种交通法规，切实关爱自己的生命，坚决预防和杜绝各种交通事故的发生。要注意下列安全问题：

·须遵守交通信号、交通标志和交通标线的各种规定。

·要自觉遵守交通法规，时刻注意交通安全。

·尽量不要单独外出，最好结伴而行；不要独自一人到偏远僻静的城乡胡同、林间小道或山间小路上行走；不要为陌生人带路，不要搭乘陌生人的车，尤其是女生更应当加以注意。

·不要向别人炫耀自己随身携带的贵重物品和现金，不要轻信别人的花言巧语，谨防上当受骗或遭抢劫。

·当遇到打架斗殴、出现事故或围观人较多时，不要因为好奇而留步观看。

·走路时要讲究社会公德，不乱扔果皮、纸屑和脏物，不随地吐痰。

· 不要盛气凌人，惹是生非；不要好打抱不平，多管闲事。

· 学生与学生之间要相互礼让。遇有年长者、老弱病残者、负重者、孕妇或儿童等要让他们先行或自己绕行，特别是在“狭路相逢”时更要注意这一点，不能恃强凌弱，抢道行走。

· 走到人群特别拥挤的地方时要有秩序地通过。

· 走路时精力要集中，目光要自然，不要东张西望、左顾右盼；同时，还要注意自己所带的钱包或物品，以防丢失或被小偷偷走、抢走等不安全的事情发生，尤其是在人群拥挤处更应该注意这一点。

· 不要一边走路一边吃东西或打闹玩耍。这样，既不卫生，又不雅观，还不安全。若因确实饥饿而需要吃点东西，可以在路边找个适当的地方，待吃完后再走。

· 在问路时要注意路道上的过往车辆，要向有关人员礼貌询问并予以答谢。

· 不在街道和公路上学骑自行车、摩托车或游戏、打闹、坐卧、睡觉等。

· 在夜间走路时要提高警惕，谨防各种意外事故的发生。

· 若发生交通事故，要及时拨打“122”电话报警；若发生其他事故，则要及时拨打“110”电话报警。

2009 年 3 月 12 日 20 时 38 分左右，沪昆（上海—昆明）铁路芷江段冷水铺至波州区间，一列行驶的货车撞向 7 名学生，造成其中 4 人死亡，1 人重伤，2 人轻伤。经初步调查，7 名学生下晚自习后在铁路上行走回家，货车行来时又未下道避让，酿成重大事故。

思考：为什么 7 名学生会被撞到？如果你当时在场，会如何劝阻他们？

（二）用电安全，不容忽视

电作为一种不可或缺的重要能源，广泛应用于人类社会的各个方面。电是一种看不见、不可触摸的无形东西，用电讲究科学性、技术性和安全性。安全用电，将会给人们带来方便、安全和幸福；不安全用电，则会给人们带来痛苦、不幸和损失。事实上，由于不安全用电等因素而导致的人体触电受伤、死亡，电线起火、电器爆炸，以及火灾等事故时有发生。用电安全不容忽视，安全用电人人有责！

虽然青年学生在初中物理等课程中都已学习了关于电的基本知识和安全用电基本常识，但目前中职生中没有真正掌握安全用电技术或不会安全用电者还为数不少。由于种种原因，青年学生在日常生活中存在乱接电线、乱接电源和乱用电器等不良现象，而且在多数情况下又是处于单独操作状态。因此，必须教育、指导和要求学生安全用电，强化学生安全用电意识，使其养成良好的用电安全行为习惯，预防和杜绝用电隐患。

1. 安全用电的基本原则

（1）不接触高于 36 伏特的低压带电体，不靠近高压带电体。

（2）警惕不应该带电的物体带了电和本来应该绝缘的物体导了电。

（3）必须是有关部门核准的电工，才有检查维修用电线路的资格。排除一般的电路故障，如更换保险丝等，必须由有电学知识和一定操作经验的人进行。

（4）定期检查电线、开关、电灯灯口及用电器的插引线，若有老化破损，必须及时更换。

（5）不超负荷用电，否则会使线路中电流长期超过其安全载流量，造成电线过热损坏绝缘层，从而造成触电事故。

2. 安全用电的注意事项

（1）认识了解电源总开关，学会在紧急情况下关断总电源。

（2）不用手或导电物去接触、探试电源插座内部。

（3）不用湿手触摸电器，不用湿布擦拭电器。

（4）电器使用完毕后应拔掉电源插头；插拔电源插头时不要用力拉拽电线，以防止电线的绝缘层受损造成触电；电线的绝缘皮剥落，要及时更换新线或者用绝缘胶布包好。

（5）发现有人触电要设法及时关断电源，或者用干燥的木棍等物将触电者与带电的电器分开，不要直接用手救人；年龄小的同学遇到这种情况应呼喊成年人相助，不要自己处理。

（6）不随意拆卸、安装电源线路、插座、插头等。哪怕是安装灯泡等简单的事情，也要先关断电源，并在家长的指导下进行。

（7）移动电气设备时，一定要先拉闸停电，后移动设备，绝不要带电移动；把带金属外壳的电气设备位置移到新的地点后，要先安装好接地线，并对设备进行检查，确认设备无问题后，才能开始使用。

2005年7月13日13时许，广西象州县初级中学的丘某、覃某、黄某、涂某、叶某、余某、谢某等7名学生，结伴到柳州市内河货运公司象州港务所码头趸船附近游泳。游泳过程中，叶某用手拉拽距离水面很近、由码头上方斜跨到趸船上的一根裸露电线时遭到电击，同时由于水的传导原因，一起游泳的丘某、覃某、黄某、余某、谢某等5人也遭电击。岸上的涂某见状，立即呼喊救命。正在趸船上睡觉的值班人员韦善理听到呼救声后跑了出来，把裸露电线移开，救起丘某（已经触电身亡）、余某、谢某、叶某等4人，黄某、覃某2人则沉入水中。第二天，黄某、覃某的尸体被打捞了上来。事后，经司法鉴定机构证实，丘某、黄某、覃某3人均系电击后溺水死亡。

思考：这起事件给大家什么警示？

（三）火灾无情，预防为主

火与人们的日常工作、学习和生活息息相关。火，既能造福于人类，又能给人类造成无情的灾害。常言道："水火无情"。火灾的发生，常常会给人们的生命财产造成极大损失。因此，消防安全，特别重要！

为了预防火灾和减少火灾危害，加强应急救援工作，保护人身、财产安全，维护公共安全，1998年4月29日第九届全国人大常委会第二次会议通过了《中华人民共和国消防法》（2008年10月28日第十一届全国人大常委会第五次会议修订，以下简称《消防法》），自1998年9月1日起施行。

同学们，无论你在校学习还是放假回家，无论在校内还是在校外，都要具有较强的防火意识和消防意识，认真学习和掌握消防安全知识，养成良好的行为习惯，自觉维护消防设施，坚决预防和杜绝各种火灾事故的发生。

当然，万一发生火灾或遇到火灾，同学们不要惊慌失措、无所适从，应当快速反应、灵活应变，机智勇敢地采取各种科学、有效的急救措施，尽快灭火，减少灾害；尽快脱险，火中逃生！

1. 学校及公共场所的防火

（1）禁止学生携带烟花、爆竹、砸炮、火柴等易燃易爆物品进校。

（2）实验用的易燃易爆物品，要有专门库房存放，随用随领，不要在现场存放。

（3）注意经常检查电器设备的安装使用情况，用完后要切断电源。

（4）不带火种、不携带易燃易爆物品（如汽油、酒精等）去公共场所，或乘坐公共交通工具。

（5）不要乱摸、乱动影剧院、商场、图书馆、公园、体育馆等公共场所的电器设备、开关等。

2. 被大火困住时的自救与逃生

（1）楼房火场逃生。

一是要镇静分析，不要盲目行动。要明确自己所在的楼层，要回忆楼梯和楼门的位置、走向；分析周围的火情，不要盲目开窗开门，不然会助长火势；也不要盲目乱跑或跳楼，以免造成不应有的伤亡。

二是要选好逃生办法，不要惊慌失措。如必须从烟火中冲出楼房，要用湿毛巾、衣服等包住头脸，尤其是口鼻部，低姿行进，以免受呛窒息。如下楼虽已有火，但火势不大，就从楼梯冲出去。如楼梯坏了冲不出去，可利用房屋的阳台落水管逃生，或用绳子（可用衣服或床上用品撕成条状连接起来）系在牢固的门窗、重物上从窗口滑下。如果在二、三层，无其他办法被迫跳楼的，应向地面抛棉被等物，以增加缓冲，然后手扶窗台下滑，以缩小下落高度并保证双脚落地。如果各种逃生路均被大火切断，应退室内并关闭门窗，有条件的可向门窗上浇水，以延缓火势蔓延，也可向窗外扔小东西、打手电等求救。

（2）在失火的楼房内不可使用电梯。

火灾时，千万不要乘坐电梯，因为电梯井直通大楼各层，由于烟囱效应，烟雾容易涌入，乘客难以承受烟熏火烤；在高温下电梯会失控甚至变形；救火时，水容易流到电梯内，在水渍的作用下，会造成触电的危险。

（3）人身上着火的自救方法。

如果身上着火，千万不能奔跑，否则会越烧越旺。可设法脱去衣帽，来不及脱时可撕开扔掉。如再来不及可卧倒在地上打滚，或跳到池塘、水池、小河中。倘其他人在场，可用湿麻袋、毯子等把人身上的火包起来，切不可用灭火器直接向着火人身上喷射，因为药剂会引起伤口感染。

2008 年 11 月 14 日早晨 6 时 10 分许，上海商学院徐汇校区宿舍楼 602 女生寝室失火，过火面积达 20 平方米左右。因室内火势过大，4 名学生从 6 楼寝室阳台跳楼逃生，不幸当场死亡。失火原因为寝室的女生用“热得快”烧水所致。

思考： 我们在学校宿舍内，怎样才能做到安全用电？

做好青年学生的安全保护和预防违法犯罪工作，关系到广大青年学生的健康成长和亿万家庭的幸福安宁，关系到社会的和谐稳定和国家的未来。因此，青年学生要认真学习安全知识，提高安全认知，在头脑中牢牢树立安全第一的思想，服从安全第一的原则。只有懂得安全，才会事事安全，人人安全。仅有安全意识、懂得防范方法是不够的，必须将头脑中的意识与方法转化为自身的应变能力。让自己的脑子活起来，身体动起来，让安全警钟时刻在头脑中敲响。

1994 年 12 月 8 日下午，克拉玛依市教委组织中小学生在友谊馆为新疆维吾尔自治区教委“两基”（基本普及九年义务教育，基本扫除青壮年文盲）评估验收团举行汇报演出，部分中小学生、教师、工作人员、验收团成员及当地领导共 796 人到馆内参加活动。16 时 20 分左右，舞台上方 7 号光柱灯烤燃附近纱幕，引起大幕起火，火势迅速蔓延，约一分钟后电线短路，灯光熄灭，各种易燃材料燃烧后产生大量有毒有害气体，致使众人被烧或窒息。此次事故共死亡 325 人，其中小学生 288 人，干部、教师及工作人员 37 人，受伤住院 130 人。

思考： 你认为造成这次惨剧的主要原因是什么？

我思我悟：

●本章回顾

1. 了解中职生学习安全知识的必要性和重要性。
2. 为了家人幸福和社会和谐，青少年学生应注重自身安全。

后　记

美国心理学家威廉·詹姆士说了这样一句话："播下一个行动，收获一种习惯；播下一种习惯，收获一种性格；播下一种性格，收获一种命运。"我国著名教育家叶圣陶先生也说过："什么是教育？简单一句话，就是要养成习惯。""德育就是要养成良好的行为习惯，智育就是要养成良好的学习习惯，体育就是要养成良好的锻炼身体的习惯。""养成教育"作为中等职业学校德育课的重要组成部分，其目的在于帮助中职学生养成良好的行为习惯。一个好的习惯对学生是一生的财富，对未来起着决定性的作用。本教材以案例为主，联系学生实际，寓教于乐，深入浅出，给同学们以充分展示自我的机会。

这本教材的编写主要是由福建省邮电学校的德育课教师共同完成的，第一章由张兰编写，第二章由陈芳编写，第三章由苏闽编写，第四章由林榕斌编写，第五章由杨佳编写，第六章由陈玉兰编写，第七章由陈胜武编写，第八章、第九章由许霞编写，第十章由叶钰涓编写。

这本教材在编写及出版过程中，得到了福建省邮电学校校长王福贵同志的大力支持，他亲力亲为，在教材的结构、编写、出版等方面给予很大的帮助，同时福建省邮电学校副校长谢福仁、王锦两位同志在该书的编审过程中提出宝贵的意见，在此，深表谢意。

由于编写者尤其是主编的水平有限和时间仓促，我们衷心欢迎来自各方面的批评意见，以期在今后的修订中使这本教材更加完善。

张　兰

2013 年 7 月于福州